常用职场工具与设备使用
（学生用书）

（第3版）

主　　编　王怀建

副主编　李永兰

主　　审　庞远智

重庆大学出版社

内 容 提 要

本书共分 3 个单元，主要讲授常用测量工具、常用职场工具及设备、车间装备和举升设备的使用和维护等内容。其教学目标是：通过此课程的学习，学生能够根据工作任务，正确选用职场工具和设备，实施测量、举升、搬运和拆卸等类别工具的正确操作，并能对各类常用测量仪器、工具设备进行正确的使用和维护。

本书可供中等职业技术学校汽车维修相关专业的师生教学使用，也可供汽车维修行业的相关人员作专业培训教材。

图书在版编目（CIP）数据

常用职场工具与设备使用：学生用书/王怀建主编
.--2 版.--重庆：重庆大学出版社，2021.8（2023.1 重印）
中等职业技术教育汽车运用与维修专业系列教材
ISBN 978-7-5624-3663-8

Ⅰ.①常…　Ⅱ.①王…　Ⅲ.①汽车—车辆维修设备—
中等专业学校—教材　Ⅳ.①U472.46

中国版本图书馆 CIP 数据核字（2021）第 157273 号

常用职场工具与设备使用
（学生用书）
（第 3 版）

主　编　王怀建
副主编　李永兰
主　审　庞远智

责任编辑：周　立　　版式设计：周　立
责任校对：谢　芳　　责任印制：张　策

*

重庆大学出版社出版发行
出版人：饶帮华
社址：重庆市沙坪坝区大学城西路 21 号
邮编：401331
电话：（023）88617190　88617185（中小学）
传真：（023）88617186　88617166
网址：http://www.cqup.com.cn
邮箱：fxk@cqup.com.cn（营销中心）
全国新华书店经销
重庆巍承印务有限公司印刷

*

开本：787mm×1092mm　1/16　印张：10.75　字数：268 千
2021 年 8 月第 3 版　　2023 年 1 月第 15 次印刷
印数：39 501—42 500
ISBN 978-7-5624-3663-8　定价：32.00 元

前　言

　　本书是根据指导性文件《汽车维修技术人员培训能力标准》中的能力标准《QTPBC014 使用和维护基本的测量仪器》、《QTPBC014 使用、维护测量工具》、《QTPBC014 使用和维护工具设备》，并结合教育部《面向 21 世纪教育振兴行动计划》、中等职业学校《汽车运用与维修专业教学指导方案》和劳动部《汽车修理工国家职业标准》编写而成的。

　　本书借鉴了国际职业教育的先进理念，突出"以行业需求为导向、以能力为本位、以学生为中心"的原则。在编写中根据汽车行业的实际能力要求，结合学习者的特点，确定学习目标，充分利用现代化教学资源，设计实施以学生为中心的开放式教学活动和丰富多样的教学手段，完成教学目标。教学重点突出实际操作技能，知识和能力并重，开发多种鉴定工具，促使学习者达到能力标准的要求。

　　本书共分为 3 个单元，主要讲授常用测量工具、常用职场工具及设备、车间装备和举升设备的使用和维护等内容。其教学目标是：通过此课程的学习，学生能够根据工作任务正确选用职场工具和设备，实施测量、举升、搬运和拆卸等类别工具的正确操作，并能对各类常用测量仪器、工具、设备进行正确的使用和维护。

　　本书可作为中等职业技术学校汽车维修相关专业教学培训的师生用书，是汽车维修行业初中级技术工种及相关企业员工的专业培训教材及职业自学者的学习用书，也可作为下岗职工、农民工技能培训（初级工、中级工）的教学材料。

　　本书的建议学时数为 80 学时。

　　全书由王怀建担任主编，第一单元由王怀建编写，第二单元由秦传江、王怀建、佘军、周勤编写，第三单元由刘明君、王怀建、陆宇、梁代春编写，由重庆市公交控股集团汽车维修公司高级工程师庞远智担任本书的主审。

　　由于编者水平有限，书中不妥之处难以避免，恳请读者批评、指正。

编　者

2019 年 6 月

目　录

绪　论

1. 科目学习目标

根据《汽车维修技术人员培训能力标准》中的能力标准《QTPBC014 使用和维护基本的测量仪器》、《QTPBC014 使用、维护测量工具》、《QTP-BC014 使用和维护工具设备》，本科目围绕常用测量工具、常用职场工具及设备、车间装备和举升设备的使用和维护等内容进行编写。通过对本科目的学习，力求使学员和其他人员能正确安全地实施职场工具的操作。本科目学习能够帮助你获得以下方面的能力：

学习者能够根据工作任务，并且

(1)能够正确识别、选用职场工具和设备。

(2)遵守国家有关职业场所安全法规要求，包括个人保护要求，履行国家、单位和员工各自的权利和职责。

(3)学会有效地与相关工作人员和客户进行交流。

(4)能正确安全地实施测量、举升、搬运和拆卸等类别工具的操作。

(5)能够对各类常用测量仪器、工具、设备进行正确的维护和保养。

2. 学生用书适应的学习对象

本书主要指导具有初中文化程度以上，从事汽车维修行业的有关人员、下岗职工、农民工技能培训(初级工、中级工)或自学者获取职业技能与安全方面的能力。

3. 学习前期应具备的能力

在开始学习这个科目之前，学生必须具有以下能力：初中语文、数学、物理、化学等科目的知识和实验技能，职场安全知识。

4. 科目学习方法

(1)章节学习内容和学习方法建议

章节名称 （能力要素）	学习内容 （能力实作指标）	学习方法建议					
		讲授式	互动式	小组讨论	提问式	技能展示	实作
单元1 使用与维护 常用测量 工具	1.1 使用与维护简单测量工具	√	√	√	√	√	√
	1.2 使用与维护游标卡尺	√	√	√	√	√	√
	1.3 使用与维护千分尺	√	√	√	√	√	√
	1.4 使用与维护百分表、千分表	√	√	√	√	√	√
	1.5 使用与维护常用电气测量工具	√	√	√	√	√	√
单元2 使用与维护 常用职场工 具及设备	2.1 扭转类手动工具的识别、选择 和使用	√	√	√	√	√	√
	2.2 固定和卡紧类工具的识别、选 择和使用	√	√	√	√	√	√
	2.3 锤击和击打类工具的识别、选 择和使用	√	√	√	√	√	√
	2.4 切割和成形类工具的识别、选 择和使用	√	√	√	√	√	√
	2.5 钻孔和铰孔类工具的识别、选 择和使用	√	√	√	√	√	√
	2.6 攻丝类工具的识别、选择和 使用	√	√	√	√	√	√
	2.7 磨削和研磨、推拉、专用维修类 工具的识别、选择和使用	√	√	√	√	√	√
	2.8 电动工具的识别、选择和使用	√	√	√	√	√	√
单元3 车间装备及 举升设备 使用	3.1 车间装备的使用	√	√	√	√	√	√
	3.2 使用举升机举升车辆操作	√	√	√	√	√	√
	3.3 使用千斤顶举升车辆操作	√	√	√	√	√	√
	3.4 使用安全支撑支持车辆	√	√	√	√	√	√
	3.5 使用举升吊具及吊索	√	√	√	√	√	√

（2）学习步骤

学生可以按照学生用书的内容在课堂上学习，也可以根据自己具备的基本能力，按照学生用书的内容和要求自己学习，其学习步骤如下：

```
┌─────────────────────┐
│    教师教学用书      │
├─────────────────────┤
│    学生信息资源      │
├─────────────────────┤
│    学生学习用书      │
└─────────────────────┘

┌──────────┐              ┌──────────┐
│ 课堂学习  │              │ 自我学习  │
└──────────┘              └──────────┘

        ⬭ 学习活动 ⬭

        ┌──────────┐
        │ 课堂练习  │
        └──────────┘

        ┌──────────┐
        │ 自测练习  │
        └──────────┘

        ┌──────────┐
        │ 教师鉴定  │
        └──────────┘

        ┌──────────┐
        │ 学习评估  │
        └──────────┘
```

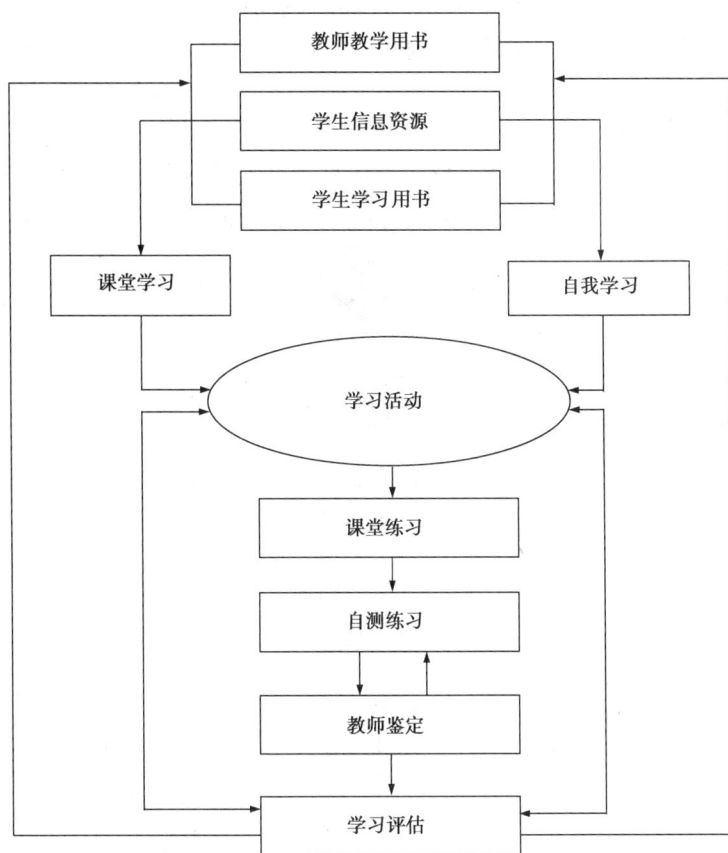

学生学习步骤：

第一步：当你打开学习用书

①学生用书指导（图标提示）你应该做什么？

②学生用书中的问题考察你的知识点。

③回答学生用书中的问题。

④请你的教师鉴定你的学习效果。

第二步：当你完成理论知识部分问题后：

①进行下一步活动（实作）。

②找到你需要的工具和设备。

③完成学生用书中涉及的实作任务。

④让教师鉴定你的工作,这时鉴定内容包含所有文档中的任务。

⚠ 注意

遇到下列困难时,你的教师将帮助你成为有能力的汽车维修技术人才。

● 理论知识。

● 查找资源。

● 理解和完成你的实作任务。

● 任何其他问题。

请记住：你一定要告诉你的教师以寻求帮助

（3）图标介绍

学生在学习中应根据书上图标提示的学习步骤和要求进行学习。

学生用书（教师用书）中的图标	图 标 含 义
	学习目的
	学习资源
	设备
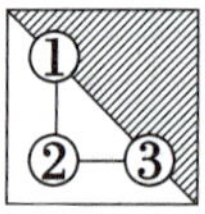	学习步骤
	实际操作和学习活动
	鉴定
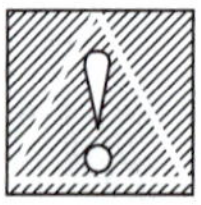	安全警告、注意事项
	评估
	教学建议

5. 科目学习鉴定指南

（1）鉴定标准

按照《汽车维修技术人员培训能力标准》中的能力标准《QTPBC014 使用和维护基本的测量仪器》、《QTPBC014 使用、维护测量工具》、《QTP-BC014 使用和维护工具设备》规定的能力进行鉴定。

（2）鉴定证据指南

● 基础知识和技能可以在岗或离岗进行鉴定。

● 实践技能的鉴定应当在经过一段时间的指导实践和重复练习取得

经验后进行。

● 不能提供职场实地鉴定的,可以在模拟的工作场所进行鉴定。

● 规定的学习目的必须在没有教师直接的指导下完成。

（3）收集证据方法

工作场所观察、模拟或角色扮演、口头提问、书面提问、技能展示、案例分析、项目工作和任务、证据素材收集。

（4）鉴定时间安排

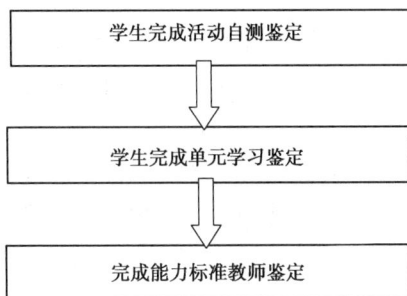

学生完成活动自测鉴定

↓

学生完成单元学习鉴定

↓

完成能力标准教师鉴定

6. 教学评估方法

（1）教学评估目的

教师、学生、教育管理部门要对学生学习需求信息进行及时反馈,要对课程教学活动设计和实施过程进行质量监控,要对学生学习参与程度进行及时检查。

（2）教学评估的标准

按照《汽车维修技术人员培训能力标准》中的能力标准《QTPBC014 使用和维护基本的测量仪器》、《QTPBC014 使用、维护测量工具》、《QTP-BC014 使用和维护工具设备》规定的能力进行鉴定。

（3）教学评估的内容

● 学习者和工作场所的反映。

● 学习效果。

● 应用于行业需求。

● 工作场所的结果。

（4）教学评估计划

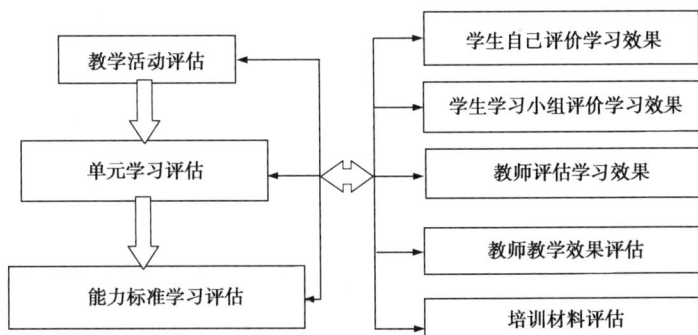

教学活动评估 → 学生自己评价学习效果

↓ → 学生学习小组评价学习效果

单元学习评估 ⟷ 教师评估学习效果

↓ → 教师教学效果评估

能力标准学习评估 → 培训材料评估

单元 1 使用与维护常用测量工具

学习目的

学完本单元后,你应能做到:

1. 正确识别各种测量工具并能说出其用途。
2. 能正确使用、保养各种测量工具。
3. 能对测量工具进行正确的读数。
4. 当使用和保存测量工具时能说出和做到必需的防护措施。

学习资源

1. 各种测量工具:如钢直尺,钢卷尺、塞尺、卡钳、直角尺、游标卡尺、千分尺、百分表、千分表、电压电流表、欧姆表、指针式万用表和数字万用表等。

2. 一些需测量的汽车零部件、电器元件等。

3. 介绍各种测量方法的文字资料、书籍,如:

(1)梁国明,张保勤主编. 百种量具的使用和保养. 北京:国防工业出版社

(2)机械工业职业技能鉴定指导中心主编. 钳工常识. 北京:机械工业出版社

(3)汪仁声,赵源康主编. 简明钳工手册. 上海:上海科学技术出版社

(4)机械工业职业技能鉴定指导中心主编. 初级机修钳工技术. 北京:机械工业出版社

4. 介绍各种工具知识的网站,如:

中华汽保网 http://www.cjqbw.com

鉴定方法

指导教师将通过以下方法鉴定学生:

1. 检查学生的记录表格。
2. 询问学生怎样识别各种测量工具。
3. 询问学生怎样选用、保养各种测量工具。
4. 要求学生操作使用各种测量工具。
5. 当学生使用和保存这些测量工具的时候,将询问学生安全及防护措

施是什么？（目的是不能损害它们或影响它们的精度）

1.1　使用与维护简单测量工具

🎯 学习目的

学完本节后，你应能做到：

1. 正确识别、选用各种简单测量工具，能对每种测量工具说出其用途。

2. 当使用和保存测量工具时能说出和做到必需的防护措施。

3. 能正确使用各种测量工具，能正确读数。

1.1.1　钢直尺

钢直尺是最基本的测量工具，它一般用于精度要求不高的测量。一般使用的钢直尺长度为 150～300 mm，最长为 2 m。钢直尺的最小刻度可分为 1 mm 或 0.5 mm 两种（如图 1.1.1）。

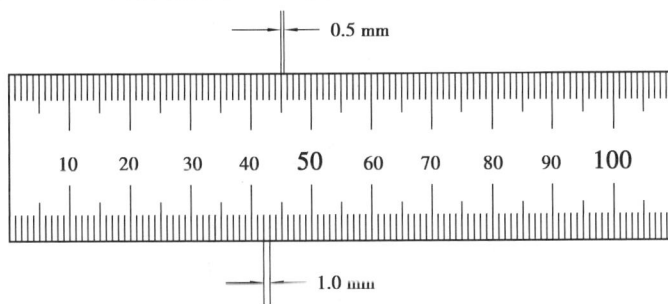

图 1.1.1

⚠️ 注意

在所有的测量工具中，钢直尺的精确度最差。

一、钢直尺的使用方法

1. 使用钢直尺时，要以端边的"0"刻线作为测量基准，这样在测量时不仅容易找到测量基准，而且便于读数和记数。

2. 测量中，钢直尺要放平、放正，刻度面朝上、朝外，不得前后左右歪斜,否则,从尺上读得的数比被测的实际尺寸大(如图1.1.2所示)。

3.被测的平面要平,否则测出的数不是被测件的实际尺寸。

4.用钢直尺测量圆柱形的截面直径时,钢直尺的端边要与被测面的边缘相切,然后左右摆动钢直尺找出最大尺寸,即为所测直径尺寸(如图1.1.2所示)。

● 正确使用钢直尺的例子如图1.1.2所示:

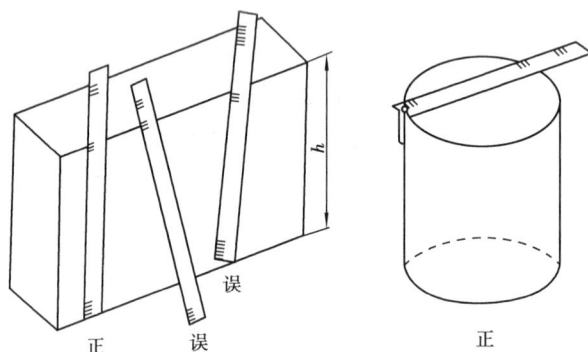

图1.1.2

5.测量大的螺母或螺帽以及直边的部件时,使用钢直尺的效果较好(如图1.1.3所示)。

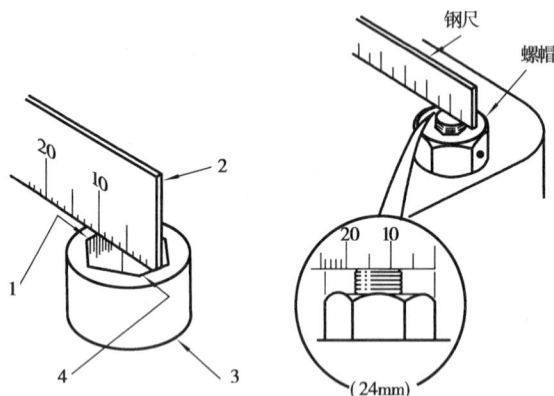

图1.1.3 用钢直尺测量内6角螺母和外6角螺帽

1,4—棱边 2—钢尺 3—内6角螺帽

⚠ 二、注意事项及保养

1.使用钢直尺前应先检查钢直尺,不允许有影响使用性能的外观缺陷,例如碰弯、划痕、刻度断线或看不清刻度线等缺陷。

2.有悬挂孔的钢直尺,使用后必须用清洁的棉丝擦干净,然后悬挂起来,使其自然下垂。如果没有悬挂孔,则将钢直尺擦净后平放在平板、平台或平尺上,防止其受压变形。

3.如果较长时间不用,则应将钢直尺涂上防锈油。

4.如果钢直尺受压变形,或其他原因使之变形,在使用时应该检查它的端边与侧边的垂直度、刻度面的平面度,经检查合格后方能使用。

1.1.2　钢卷尺

一般来讲,钢卷尺的刻度单位与钢直尺刻度单位相同。钢卷尺按其结构可分为:自卷式卷尺和制动式卷尺;其结构如图1.1.4所示:

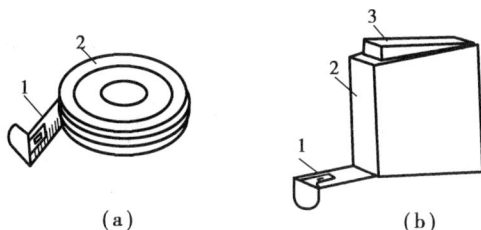

图1.1.4
(a)自卷式卷尺　(b)制动式卷尺
1—尺带　2—尺盒　3—制动按钮

● 钢卷尺是由一条薄的富有弹性的钢带制成,其整条钢带上刻有长度标志。

● 钢带两边最小刻度为毫米,总长度有 3 m,5 m,10 m,15 m,20 m,30 m等类型。

● 钢卷尺通常用来测量长度超过 1 m 的部件。

⚠ 注意事项及保养

1.使用前首先要检查卷尺的各个部位:对自卷式和制动式卷尺来说,拉出和收卷尺带时,应轻便、灵活,无卡住现象;制动式卷尺的按钮装置应能有效地控制尺带收卷,不得有阻滞失灵现象;尺带表面不得有锈迹和明显的斑点、划痕,线纹清晰。

2.使用卷尺应以"0"点端为测量基准,这样便于读数。在生产中经常看到有些人截断了一节钢卷尺测量物品的尺寸,这样用法虽然允许,但是要特别注意其起始端线纹的数字,不然在读数时会读错。

3.使用卷尺要和使用钢直尺一样,不得前后左右歪斜,而且要拉紧尺带。

4.钢卷尺的尺带一般镀铬、镍或其他涂料,所以要保持清洁,测量时不要使其与被测表面摩擦以防划伤。

5.使用自卷式或制动式卷尺时,拉出尺带不得用力过猛,而应徐徐拉出,用毕也应让它徐徐退回,对于制动式卷尺,应先按下制动按钮,然后再徐徐拉出尺带。用毕后按下制动按钮,尺带自动收卷。尺带自动收卷时,应防止尺带伤人。

6. 尺带只能卷,不能折。不允许将卷尺放在潮湿和有酸类气体的地方,以防锈蚀。

活动1 钢直尺与钢卷尺的测试

一、任务

给一把钢直尺和钢卷尺及各种待测物件,测量并记下物件尺寸。

二、目的

学会在实际生产中测量各种零件的尺寸和距离的方法。

三、准备工作

1. 量程在 0 ~ 150 mm 的钢直尺和 0 ~ 3 m 的钢卷尺各一个。

2. 待测的各种物品(如铁块、圆柱、螺母、书、一根铁丝等)。

四、检查步骤

指导教师将:

1. 检查你的记录情况。

2. 检查你的测量过程、测量方法是否正确。

3. 测量给定的工件,测量结果必须在教师测量值的 1 mm 误差范围内。

4. 询问你如何保养钢直尺和钢卷尺。

五、学生测量报告

1. 用钢直尺测定规定部位的零件尺寸为:

尺寸1:_____ 尺寸2:_____

尺寸3:_____ 尺寸4:_____

2. 用钢卷尺测定的零件尺寸为:

尺寸1:_____ 尺寸2:_____

尺寸3:_____ 尺寸4:_____

3. 如果有一把断了一节的钢卷尺,在测量时应如何读数?

_____

_____

1.1.3 直角尺

直角尺是外角和内角都为 90° 的角度测量工具。其结构如图 1.1.5 所示:

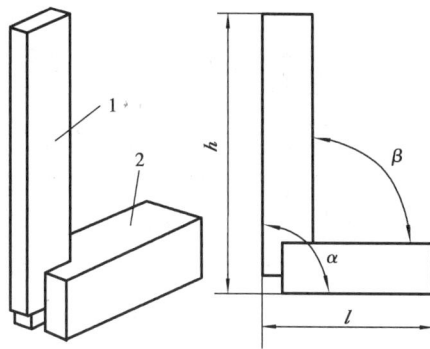

图 1.1.5　直角尺

1—长边　2—短边(托柄)　α—外角　β—内角

一、直角尺的主要用途

1.画垂直于工件棱边的直线。

2.检查零件的两个平面是否彼此成直角(包括内部直角和外部直角)(见图1.1.6)。

二、正确使用直角尺的方法

正确使用直角尺的方法如图1.1.6所示:

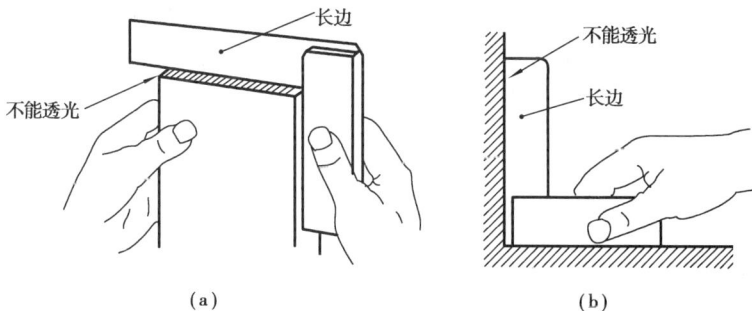

图 1.1.6

(a)检查成直角的两个表面　(b)检查一个内直角

1.目的:检查一个零件的正方度(垂直度)

2.方法:直角尺托柄的内侧要紧紧地贴着精加工过的表面,让长边稍微离开工件一点。手持工件对准亮处,把直角尺的长边降下来接触到被检查的表面[如图1.1.6(a)]。

如果两个表面是垂直的,则长边和被检查的表面之间不能透光。

•检查内直角时采用的方法与检查外直角的方法相似[图1.1.6(b)]。

⚠ 三、注意事项和保养

1. 使用中要轻拿轻放直角尺;

2. 在搬运的过程中,不允许提着直角尺的长边或者短边,而应该是一只手托住短边,一只手扶长边;

3. 用完直角尺之后应该擦干净,放在盒子内保存。

活动 2　直角尺的测试

一、任务

　　给一把直角尺和待测的方形物件,测量物件各平面之间的垂直度。

二、目的

　　学会在实际生产中测量各零件平面之间的垂直度。

三、准备工作

1. 一把直角尺。

2. 待测的物品(如铁块、砖等)。

四、检查步骤

　　指导教师将:

1. 检查你的记录情况。

2. 检查你的测量过程、测量方法是否正确。

3. 测量给定的工件,测量结果必须与教师测量结果一致。

4. 询问你如何保养直角尺。

五、学生测量报告

1. 检查下列物品的垂直度情况:

铁块 1:＿＿＿＿＿＿＿＿＿＿＿

铁块 2:＿＿＿＿＿＿＿＿＿＿＿

砖:＿＿＿＿＿＿＿＿＿＿＿＿

2. 如何保养直角尺?

＿＿＿＿＿＿＿＿＿＿＿＿＿＿＿＿＿＿＿＿＿＿＿＿＿＿＿＿＿＿

＿＿＿＿＿＿＿＿＿＿＿＿＿＿＿＿＿＿＿＿＿＿＿＿＿＿＿。

1.1.4　塞尺

塞尺是一组淬硬的钢条或刀片,这些淬硬钢条或刀片被研磨或滚压成精确的厚度,它们通常都是成套供应。

每条钢片标出了厚度(mm),它们可以单独使用,也可以将两片或多片合在一起使用,以便获得所要求的厚度。

常用塞尺长度有 50 mm、100 mm、200 mm 3 种。

一、塞尺的主要用途

塞尺的主要用途是测量零件结合面之间间隙的大小,其结构如图 1.1.7 所示。

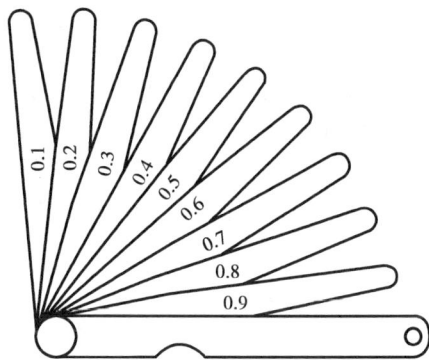

图 1.1.7　塞尺

二、塞尺的正确使用方法

1. 使用塞尺测量时,根据间隙的大小,可用一片或数片重叠在一起插入间隙内,插入深度应在 20 mm 左右。

例如用 0.2 mm 的塞尺片刚好能插入两工件的缝隙中,而 0.3 mm 的塞尺片插不进,说明两工件的结合间隙为 0.2 mm。

2. 当塞尺与一把直尺一起使用时,塞尺可用来检查零件的平直度,如汽缸盖的平直度(如图 1.1.8)。

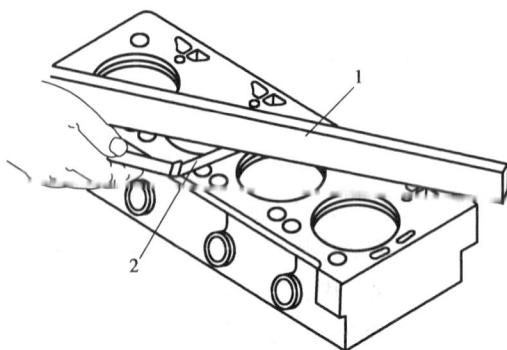

图 1.1.8　用直尺和塞尺来检查汽缸盖的平直度
1—直尺　2—塞尺

三、注意事项及保养

1. 由于塞尺很薄,容易弯曲或折断,测量时不能用力太大;

2. 测量时应在结合面的全长上多处检查,取其最大值,即为两结合面的最大间隙量。

3. 塞尺片上不得有污垢、锈蚀及杂物。

4. 塞尺用完后要擦净其测量面,及时合到夹板中去,以免损伤各金属薄片。

活动3　塞尺的测试

一、任务

给一把塞尺、直尺和一个汽缸盖、一个普通锥齿轮式差速器等待测物品。

1. 测量并记下锥齿轮和差速器壳之间的间隙。

2. 测量汽缸盖表面的平直度。

二、目的

学会在实际生产中测量各零件表面之间间隙的方法。

三、准备工作

1. 一把塞尺和直尺。

2. 汽缸盖、普通锥齿轮式差速器。

四、检查步骤

指导教师将:

1. 检查你的记录情况。

2. 检查你的测量过程、测量方法是否正确。

3. 测量给定的工件,测量结果必须与教师测量值一致。

4. 询问你如何保养塞尺。

五、学生测量报告

1. 四个锥齿轮和差速器壳之间的间隙尺寸分别为：

　间隙尺寸1：＿＿＿＿＿＿＿＿＿＿＿＿

　间隙尺寸2：＿＿＿＿＿＿＿＿＿＿＿＿

　间隙尺寸3：＿＿＿＿＿＿＿＿＿＿＿＿

　间隙尺寸4：＿＿＿＿＿＿＿＿＿＿＿＿

2. 汽缸盖表面的平直度情况为：

＿＿＿＿＿＿＿＿＿＿＿＿＿＿＿＿＿＿＿＿＿＿＿＿＿＿＿＿＿＿＿＿＿＿＿。

3. 塞尺应如何保养？

＿＿＿＿＿＿＿＿＿＿＿＿＿＿＿＿＿＿＿＿＿＿＿＿＿＿＿＿＿＿＿＿＿＿＿

＿＿＿＿＿＿＿＿＿＿＿＿＿＿＿＿＿＿＿＿＿＿＿＿＿＿＿＿＿＿＿＿＿＿＿。

1.1.5　卡钳

　　卡钳可分为外卡钳和内卡钳两种,顾名思义,内卡钳用来测量内径,外卡钳用来测量外径。

　　卡钳也可分为弹簧式外卡钳和弹簧式内卡钳两种,如图1.1.9所示。

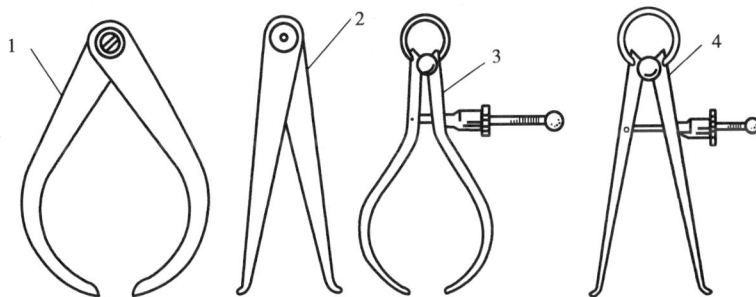

图1.1.9

1—外卡钳　2—内卡钳　3—弹簧式外卡钳　4—弹簧式内卡钳

一、卡钳的主要用途

1. 测量圆形部件的内直径和外直径。

2. 卡钳为间接式测量工具,在测量工作中,凡不宜用游标卡尺、钢直尺和钢卷尺的地方,或者用这些量具测量不方便的地方,均可用卡钳去测量。

二、内卡钳的使用方法

用右手的拇指和食指轻轻地捏住卡钳轴销的两头,将卡钳的两个量爪送入孔内,然后使一个量爪的爪尖与孔壁接触,另一个量爪在径向平面内左右轻轻摆动,并调整量爪,一直找到最大值为止,如图 1.1.10 所示。

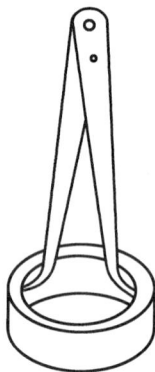

图 1.1.10　用内卡钳测内径　　　　图 1.1.11　用外卡钳测外径

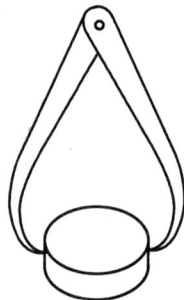

三、外卡钳的使用方法

用右手的中指从卡钳的两个量爪之间挑起卡钳,拇指与食指撑住卡钳的轴销两头,卡钳在自身的重量下使两个量爪滑过被测表面。如图 1.1.11 所示。

在测量中,卡钳量爪爪尖与被测表面的接触情况是凭手的感觉来判断的,只要手有轻微的感觉即可,不宜过松,也不要用力使劲卡卡钳。

● 内卡钳和外卡钳的读数方法如图 1.1.12 所示:

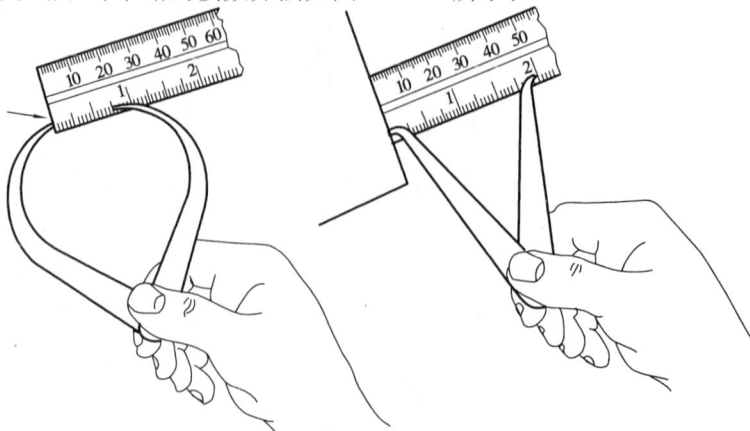

图 1.1.12　内卡钳和外卡钳的读数

四、弹簧式外卡钳的使用方法

1. 弹簧式外卡钳可用于测量轴的直径。

如图 1.1.13 所示，卡钳应调节到以很小的阻力在轴上滑动，它们不应该受到外力，因为这样会使卡钳的双腿发生弹性变形，妨碍读数的精确性。

当把卡钳调节到轴的尺寸时，可用钢尺测量轴的直径，如图 1.1.14 所示。卡钳的一支腿贴着钢尺的一端，在另外一支腿处的钢尺上的刻度就是轴的直径。

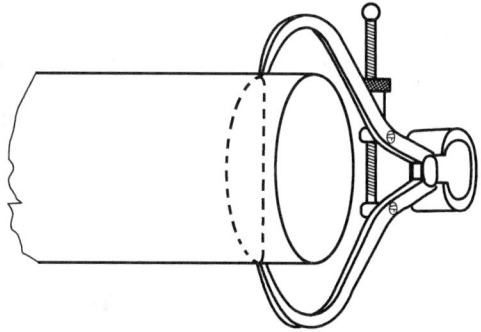

图 1.1.13　使用弹簧式外卡钳检查一根轴的直径

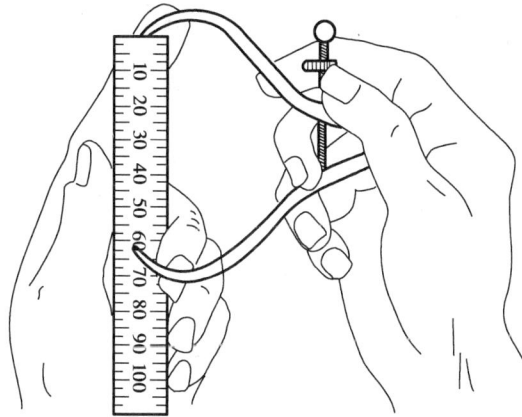

图 1.1.14　用钢尺测量已调定的卡钳的尺寸

2. 弹簧式外卡钳可以用来比较两个零件的大小。

如先将卡钳调至其中一根轴的直径，然后再将它用来检查另外一根轴是否有相同的直径。如果这两根轴都是同样的大小，那么两者对卡钳都有相同的阻力。

五、弹簧式内卡钳的使用方法

弹簧式内卡钳用来测量孔的直径和其他内部尺寸。图 1.1.15 所示的弹簧式卡钳正在检查一个大孔的直径。

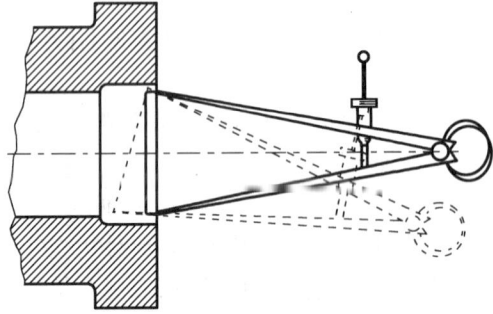

图 1.1.15　使用弹簧式内卡钳来测量一个孔的直径

　　弹簧式内卡钳应以一定角度放入一个孔中（如图 1.1.15 中的虚线所示），然后慢慢地放平直，这样它就准确横跨了孔的直径。卡钳应以图中所示的方式进行调节，直到能以很小的阻力进入孔中为止。

　　如图 1.1.16 所示，孔径尺寸可从钢尺上读出。

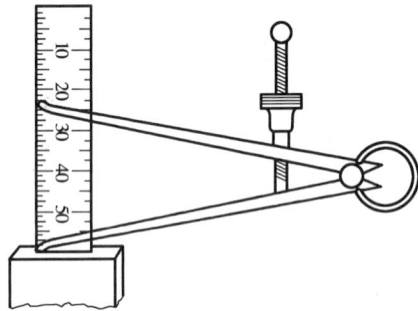

图 1.1.16　用钢尺测量已调定的弹簧式内卡钳的尺寸

⚠ 六、注意事项及保养

　　1. 不要把卡钳放在振动的机床上，以防受振动使卡钳松动，用完后将卡钳擦干净，将两个量爪合拢存放，不得将卡钳与其他工具堆放在一起，以防被压弯。

　　2. 使用一段时间后，两个量爪测量部位会磨损变钝，出现这种情况后，应该修磨，使之成为圆弧形的，然后将它淬火，使之变硬，变得更耐磨。

活动 4　卡钳的测试

一、任务

　　给一把外卡钳、内卡钳、弹簧式外卡钳、弹簧式内卡钳以及各种测量零件,测量并记下它们的外径和内径。

二、目的

　　学会在不宜或不方便用游标卡尺、钢直尺和钢卷尺的地方,采用卡钳测出圆形工件的内径、外径。

三、准备工作

1.外卡钳、内卡钳、弹簧式外卡钳、弹簧式内卡钳、钢直尺各一把。

2.各种有孔的圆形工件。

四、检查步骤

　　指导教师将:

1.检查你的记录情况。

2.检查你的测量过程、测量方法是否正确。

3.测量给定的工件,测量结果必须在教师测量值的 1 mm 误差范围内。

4.询问你如何保养卡钳。

五、学生测量报告

1.说出 4 种卡钳的名称:

　　_____、_____、_____、

　　_____。

2.教师指定零件的测量结果分别是什么?

　　零件 1:_____

　　零件 2:_____

　　零件 3:_____

　　零件 4:_____

3.如何保养卡钳?

　　_____

　　_____

　　_____

1.2 使用与维护游标卡尺

学习目的

学完本节后,你应能做到:

1. 正确识别、选用游标卡尺。
2. 能说出游标卡尺的用途。
3. 当使用和保存游标卡尺时能说出和做到必需的防护措施。
4. 能正确使用游标卡尺、能正确读数。

一、游标卡尺简介

游标卡尺又称为四用游标卡尺,简称为卡尺。最普通类型的游标卡尺的测量范围是 0~250 mm。

1. 游标卡尺的主要用途是:

(1)测量各种外尺寸、内尺寸。

(2)测量各种深度尺寸。

(3)还可用于划直线和平行线。其结构如图 1.2.1 所示。

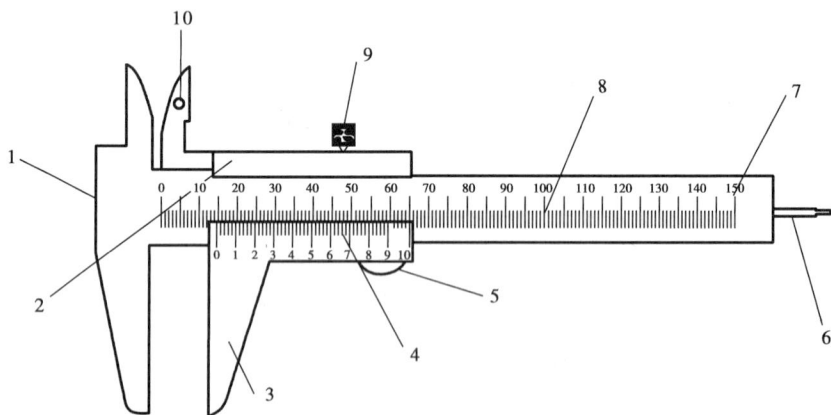

图 1.2.1 游标卡尺

1—端面 2—尺框 3—外量爪(滑动量爪) 4—游标刻度 5—游标
6—深度尺 7—尺身 8—主刻度 9—紧固螺钉 10—内量爪(滑动量爪)

2. 游标卡尺是一种精密量具,它由一个带刻度杆的固定量爪和一个滑动量爪(包括外量爪和内量爪)组成。尺身上刻有主刻度尺,而滑动量爪上有游标刻度尺。

3. 游标卡尺的最小刻度有两种:0.05 mm 和 0.02 mm。它们的区别是:

(1)游标上有 50 个刻度的表示每一刻度为 0.02 mm(图 1.2.1)。

（2）游标上有 20 个刻度的表示每一刻度为 0.05 mm（图 1.2.2）。

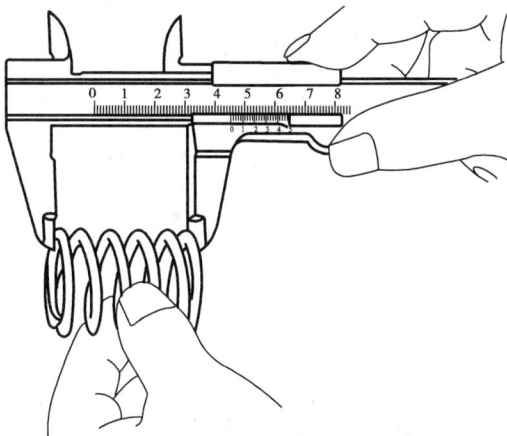

图 1.2.2　使用游标卡尺来测量气门弹簧的长度

二、游标卡尺的使用方法

把要测量的物件放在两个量爪之间,对滑动量爪要仔细地调节,直到两个爪子都接触到物件为止。测量值能从刻度尺上直接读出来（如图 1.2.2所示）。

1.用游标卡尺的外量爪测量汽车零部件的外部尺寸（参见图 1.2.3）。
2.用游标卡尺的内量爪测量汽车零部件的内部尺寸（参见图 1.2.4）。
3.用游标卡尺的深度尺还可以测量汽车零部件的深度（参见图1.2.4）。

三、游标卡尺的读数

1.最小刻度为 0.05 mm 的游标卡尺读数

如图 1.2.5 所示,上面的刻度是游标卡尺的主刻度尺,下面的刻度是游标刻度尺,其最小刻度为 0.05 mm。

主刻度尺是以毫米来划分刻度的,每 1 cm 分为 10 个刻度,在厘米刻度上标有数字 1,2,3 等。游标刻度尺有 20 个刻度,每 4 个刻度标有数字 2,4,6 等。

读数时:

第一步　读出游标零线左边与主刻度尺身相邻的第一条刻线的整毫米数,为测得尺寸的整数值。如图 1.2.5 为 13.00 mm。

第二步　读出游标上与主刻度刻线对齐的那一条刻线所表示的数值,即为测量值的小数,如图 1.2.5 为 0.40 mm。

第三步　把从尺身上读得的整毫米数和从游标上读得的毫米小数加

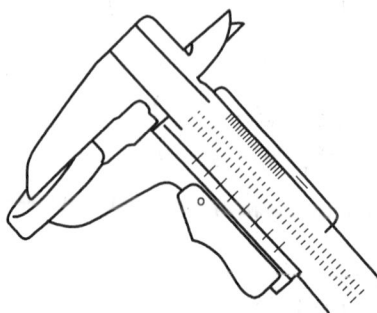

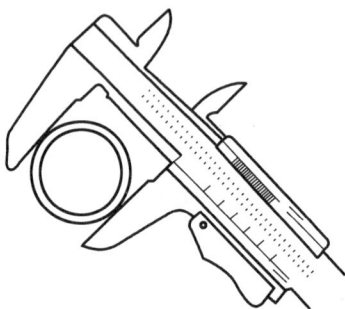

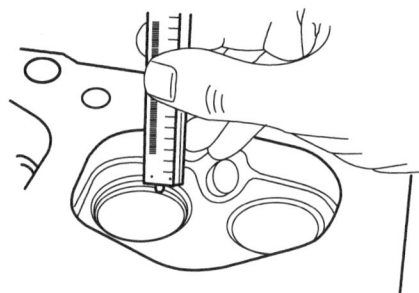

图 1.2.3

图 1.2.4

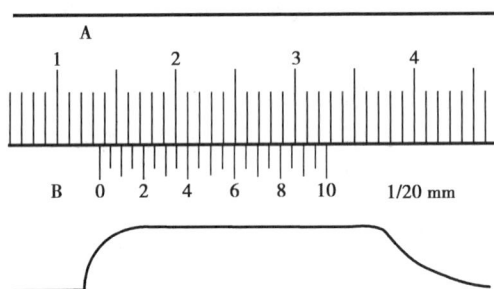

图 1.2.5 游标卡尺的刻度

A—主刻度尺,每个刻度为 1 mm

B—游标刻度尺,每个刻度为 0.05 mm;所示的读数为 13.40 mm

起来即为测得的实际尺寸。

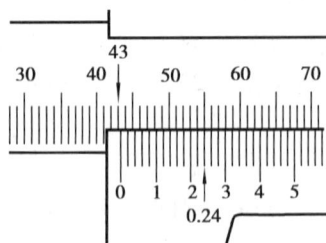

图 1.2.6 最小刻度为 0.02 mm
的游标卡尺的读数

主刻度尺刻度: 13.00 mm

游标尺刻度: +0.40 mm

13.40 mm

2. 最小刻度为 0.02 mm 的游标卡
尺的读数(如图 1.2.6 所示):

主刻度尺刻度: 43.00 mm

游标尺刻度: +0.24 mm

43.24 mm

四、注意事项及保养

游标卡尺是一种精密的测量工具,要获得很好的精度应小心轻放和保存。

1. 测量前,应将游标卡尺清理干净,并将两量爪合并,检查游标卡尺的精度情况,在使用之后应清除灰尘和杂物。

2. 测量时,工件与游标卡尺要对正,测量位置要准确,两量爪要与被测工件表面贴合,不能歪斜,并掌握好两量爪与工件接触面的松紧程度,不能过紧,也不能过松。

3. 读数时,要正对游标刻线,看准对齐的刻线,目光不能斜视,以减少读数误差。

4. 游标卡尺用完后,一定要把它放回盒子里和放在不受冲击以及不易掉下的地方。

5. 如果游标卡尺已受潮,在使用后可涂少量的油在上面。

6. 禁止把游标卡尺放在温度高的地方,这可能影响它的精度。

7. 禁止敲击和撞击游标卡尺。

8. 禁止把游标卡尺作为钳子使用。

活动　游标卡尺的测试

一、任务

提供一个游标卡尺和一种相应的汽车零件,测定并记录:

1. 长度

2. 内径

3. 外径

二、目的

学会正确使用游标卡尺进行零件测量。

二、准备工作

1. 一个游标卡尺。

2. 被测零件。

四、检查步骤

指导教师将:

1. 检查学生的记录情况。

2. 检查学生的测量过程。

3. 确定你精确测定工件的能力。

4. 你所测数值必须在老师测定值的 0.02 mm 误差范围内。

五、学生测量报告

1. 教师给定汽车零件的测量结果为：

    (1)长度：_____

    (2)内径：_____

    (3)外径：_____

2. 请写出下列游标卡尺的读数：

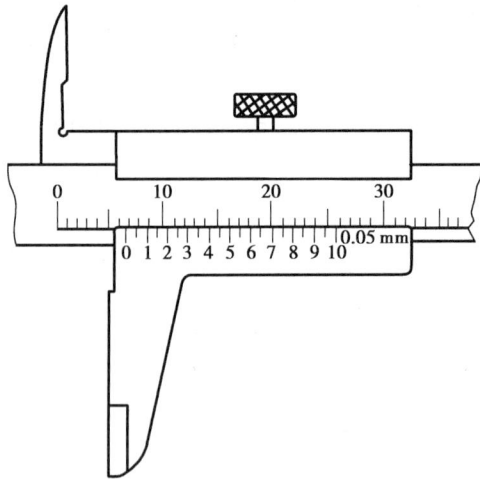

(a) _____

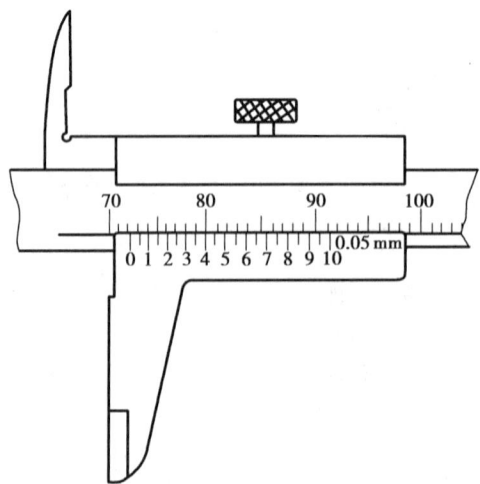

(b) _____

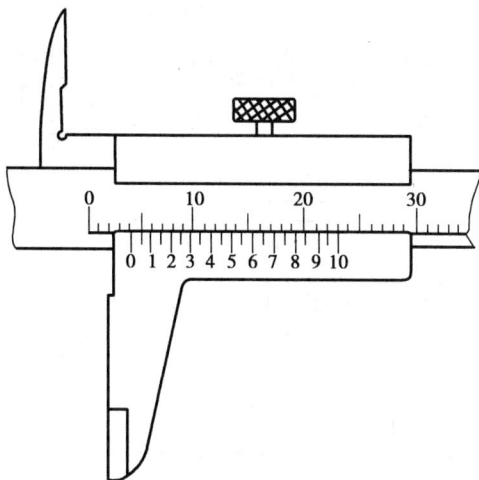

(c) _____

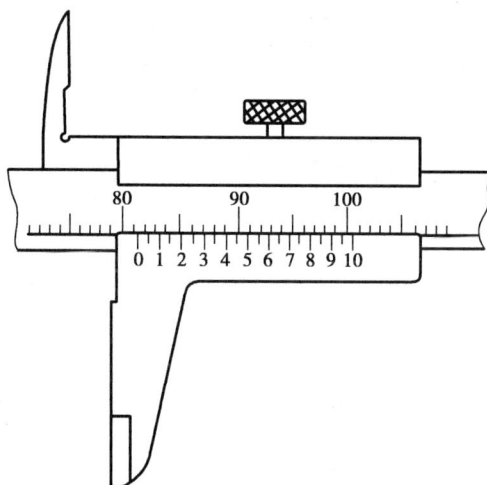

(d) _____

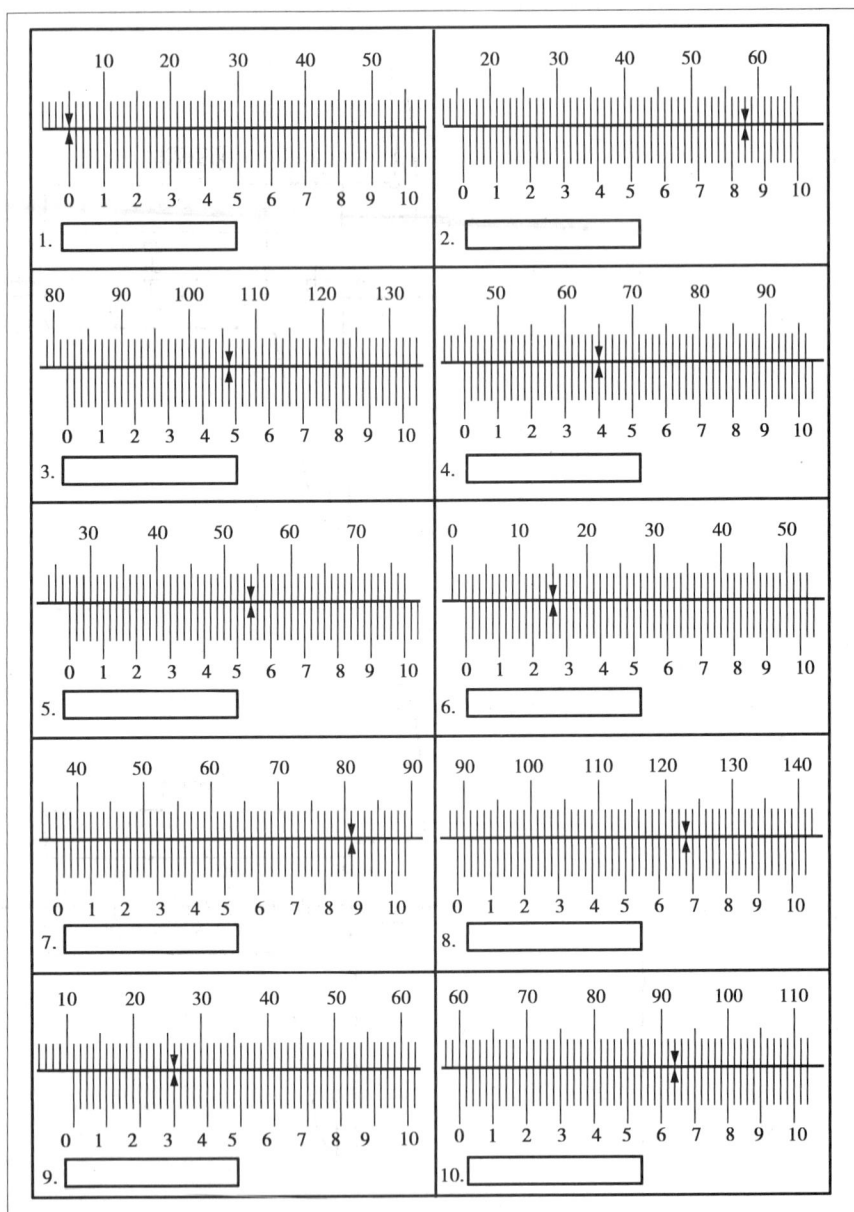

1.

2.

3.

4.

5.

6.

7.

8.

9.

10.

1.3 使用与维护千分尺

学习目的

学完本节后,你应能做到:

1. 正确识别、选用各种千分尺。

2. 能说出千分尺的用途。

3. 当使用和保存千分尺时能说出和做到必需的防护措施。

4. 能正确使用各种千分尺,能正确读数。

一、千分尺的类型

千分尺的测量精度一般能达到 0.01 mm,而游标千分尺的测量精度可达 0.001 mm。千分尺是精密仪器,与其他仪器一样,必须妥善使用,以保持其精度和避免被损坏。

在汽车工业中使用的千分尺有 3 种:

1. 外径千分尺;

2. 内径千分尺;

3. 深度千分尺。

其中常用的是外径千分尺,下面只介绍外径千分尺。

二、外径千分尺

1. 外径千分尺的用途

外径千分尺主要用于:

(1)测量圆形物体的外径。

(2)测量各种汽车零部件的宽度和长度。其结构如图 1.3.1 所示:

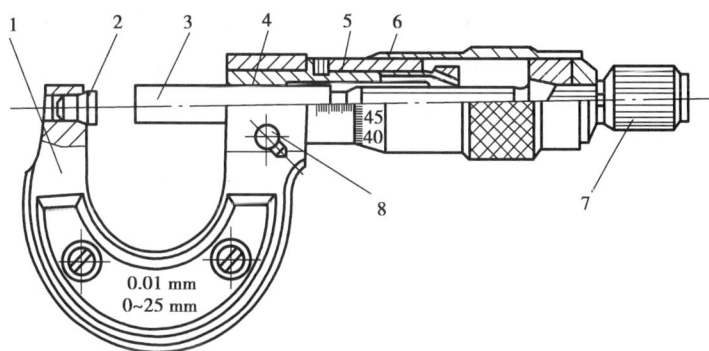

图 1.3.1　外径千分尺

1—尺架　2—测砧　3—测微螺杆　4—螺纹轴套

5—固定套筒　6—微分筒　7—测力装置　8—锁紧装置

2. 外径千分尺的使用方法

(1)校核"0"点;

(2)使用千分尺时,把要测量的物件放在测砧 2 和测微螺杆 3 端面之间(见图 1.3.2);

(3)当转动微分筒 6 时,便促使测微螺杆 3 向前移动,直到测砧 2 和测微螺杆 3 都轻微地接触到零件,这时改旋测力装置直至听到"咔嚓"声为止;

（a）

（b）

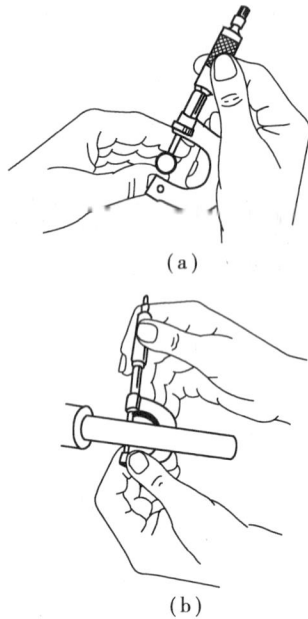

图 1.3.2　用外径千分尺测量
（a）可手持的小物件　（b）固定着的物件

（4）取出外径千分尺读数，必要时可拧紧锁紧装置。

• 尺寸大小能从刻度上读出，该刻度是标在固定套筒和微分筒上的（见图 1.3.2）。

• 小型物件可以像图 1.3.2（a）中所示的那样进行测量。

• 对于较大的物件或固定着的物件，可按图 1.3.2（b）所示使用千分尺。

三、千分尺的读数

一把千分尺有两个刻度盘：

• 一个在固定套筒上，固定套筒上有主刻度尺和一根基准线。

• 另一个在微分筒上（见图 1.3.3）。

（一）普通千分尺的读数

就普通千分尺来说（见图1.3.3），固定套筒上的主刻度尺有整毫米（1.00 mm）和半毫米（0.5 mm）两种刻度。整毫米刻度是标在基准线上面的，每隔五个刻度用 0，5，10 等数字标记。半毫米的刻度是标在基准线下面的。

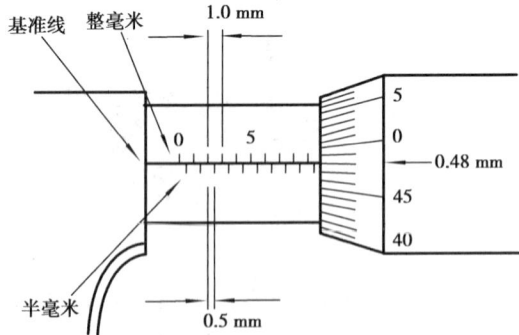

图 1.3.3　一把标准的公制千分尺的刻度

在微分筒的圆周上标有 50 个刻度，每个刻度表示 1/100 mm（0.01 mm）。所以，微分筒转一整圈表示 50×0.01 mm，就是 0.50 mm。因此，微分筒转一整圈，它将沿着主刻度尺运动 0.50 mm，这就是半毫米的刻度。

读数步骤

千分尺读数时，主刻度尺要读到微分筒边缘以左，再把微分筒上的读数加上去。其步骤如下：

（1）先读微分筒左边的主刻度尺上看得见的整毫米刻度。如图 1.3.3 所示为 9.00 mm。

（2）若基准线下面的一个刻度露出，就把半毫米刻度加到上面读出的读数上。如果未露出，则不加。如图 1.3.3 所示为 9.00 + 0.5 = 9.50 mm。

（3）读出微分筒上与固定套筒的基准线对齐的那条刻度线数值，即为不足半毫米的测量值，如图 1.3.3 所示为 48 × 0.01 = 0.48 mm。

（4）把 3 个读数加起来即为测得的实际尺寸数值，图 1.3.3 中的测量值应为：

主刻度尺整毫米刻度：9.00 mm

主刻度尺半毫米刻度：0.50 mm

微分筒刻度： 　0.48 mm

9.98 mm

图 1.3.4 中的千分尺的刻度表示的读数如下：

主刻度尺整毫米刻度：10.00 mm

主刻度尺半毫米刻度： 0.50 mm

微分筒刻度： 　0.16 mm

10.66 mm

（二）游标千分尺的读数

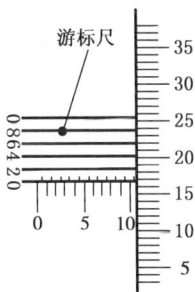

游标千分尺在其固定套筒上有一个附加的刻度尺，称作游标尺，其刻度线与基准线平行。这就允许测量值达到附加的小数位（如图 1.3.5）。

该游标尺有 5 个刻度，这些刻度从基准线上的零开始，标注了 2，4，6，8 和 0（10）。每一刻度表示 0.002 mm。

图 1.3.5 中所示的千分尺的读数除了附加的游标尺以外，其余的与图 1.3.7 一样，最后再加上游标尺上的刻度。

图 1.3.5 中游标尺的"6"刻度和微分筒上的一个刻度对齐，它的读数就是 0.006 mm。

在图 1.3.5 中刻度尺的读数是：

主刻度尺整毫米刻度： 10.00 mm

主刻度尺半毫米刻度： 0.50 mm

微分筒刻度： 0.16 mm

游标尺刻度： 　0.006 mm

10.666 mm

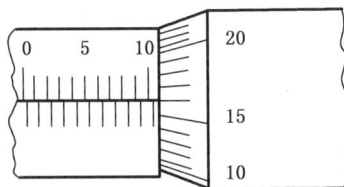

图 1.3.4 　普通千分尺刻度，读数为 10.66 mm

图 1.3.5 　游标千分尺的游标尺：该游标尺包括了 10 单位刻度，但只是每逢偶数由数字 2，4，6，8 和 0 表示

⚠ 注意

图 1.3.5 所示仅仅是偶数刻度标注在固定套筒上(标有数字 2、4、6 等),所以,千分尺的读数将精确到 0.002 mm。如果 10 个刻度全部都标注出来的话,该千分尺将可以读到 0.001 mm。

⚠ 四、注意事项及保养

千分尺是精密的测量工具,在使用过程中应注意的要点是:

1. 用千分尺测量工件前,应清洁千分尺的工作面和工件的被测表面,不允许有任何污物。

2. 严禁在毛坯工件上、正在运动着的工件或过热的工件上进行测量,以免影响外径千分尺的精度或影响测得的尺寸精度。

3. 使用前检查零刻度是否对齐。

4. 不要试图测量不平的表面。

5. 在读数之前确定千分尺是否固定,对测微螺杆不要施加过高的压力。

6. 轻拿轻放千分尺,不要把千分尺放在有灰尘、液体的地方。

7. 在读数期间保持千分尺的平直。

8. 不准把千分尺当作卡钳使用。

9. 不准拿着微分筒快速转动,以防止测微螺杆加速磨损或两测量面相互猛撞,将螺旋副撞伤。

10. 对于老式结构的千分尺,不准拧松后盖,如果后盖松动了必须校对"0"位后再使用。

11. 要防止油石,砂布等硬物损伤千分尺的测量面、测微螺杆等部位。

图 1.3.6

12. 不要把千分尺放在容易掉下和受冲击的地方,千分尺万一掉在地上或者硬物上时,应立即检查千分尺的各部位的相互作用是否符合要求,并校对其"0"位。

13. 不要企图调整千分尺,除非你对于调整已接受培训。

14. 根据千分尺的检测规则,不要超过它的尺寸范围。

15. 当你用完千分尺后,你必须进行清洗,并放回到盒子里面(如图 1.3.6)。

16. 当不用外径千分尺时,在测微螺杆和测砧之间应留有一定间隙。

17. 如果是比较长的时间不用,应该在测量面和测微螺杆上涂防护油,而且两个测量面不要相互接触,不得将千分尺放在高温、潮湿、有酸和磁性的地方。

18.千分尺要实行周期检查,检查周期长短要看使用的情况而定。

活动　千分尺的测试

一、任务

　　普通外径千分尺、游标千分尺各一把以及各种待测零件,测量并记下零件的外径。

二、目的

　　学会正确选用及使用各种测量仪器进行零部件测量。

三、准备工作

1.普通外径千分尺、游标千分尺各一把。

2.待测的阶梯轴。

四、检查步骤

　　指导老师将:

1.检查你的记录报告。

2.检查你的测量过程。

3.测量给定的工件,测量结果必须在老师测定值的 0.01 mm 误差范围内。

4.要求确认千分尺的主要部件。

5.要求学生能正确地读数。

五、学生测量报告

1.记录老师指定零件部位的尺寸:

　　(1)普通外径千分尺

　　　　尺寸1:＿＿＿＿＿＿＿＿　尺寸2:＿＿＿＿＿＿＿＿

　　　　尺寸3:＿＿＿＿＿＿＿＿　尺寸4:＿＿＿＿＿＿＿＿

　　(2)游标千分尺

　　　　尺寸1:＿＿＿＿＿＿＿＿　尺寸2:＿＿＿＿＿＿＿＿

　　　　尺寸3:＿＿＿＿＿＿＿＿　尺寸4:＿＿＿＿＿＿＿＿

2.使用千分尺时应注意些什么?(至少列出 5 条)

＿＿＿＿＿＿＿＿＿＿＿＿＿＿＿＿＿＿＿＿＿＿＿＿＿＿＿＿＿＿＿＿＿＿

＿＿＿＿＿＿＿＿＿＿＿＿＿＿＿＿＿＿＿＿＿＿＿＿＿＿＿＿＿＿＿＿＿＿

＿＿＿＿＿＿＿＿＿＿＿＿＿＿＿＿＿＿＿＿＿＿＿＿＿＿＿＿＿＿＿＿＿＿

＿＿＿＿＿＿＿＿＿＿＿＿＿＿＿＿＿＿＿＿＿＿＿＿＿＿＿＿＿＿＿＿＿＿

3. 在空格中正确写出下列千分尺的读数：

（a）

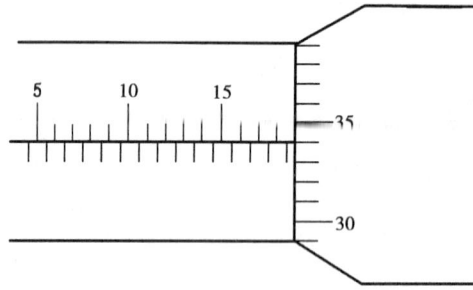

（b）

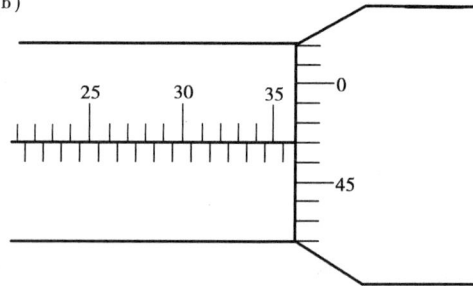

（c）

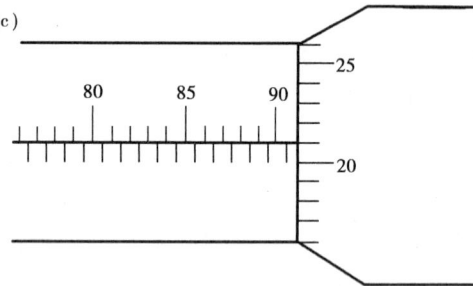

（d）

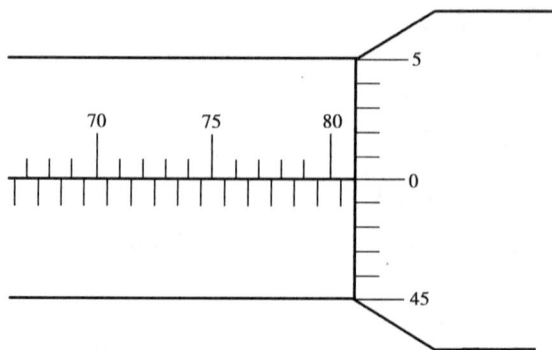

1.4 使用与维护百分表、千分表

学习目的

学完本节后，你应能做到：

1. 正确识别百分表和千分表。

2. 能说出百分表和千分表的用途。

3. 当使用和保存百分表和千分表时，能说出和做到必需的防护措施。

4. 能正确使用百分表和千分表并能正确读数。

一、百分表

（一）百分表的用途

百分表主要用于：

1. 测量小的尺寸。

2. 测量工件表面产生的小的尺寸误差和几何形状误差。其结构如图 1.4.1 所示：

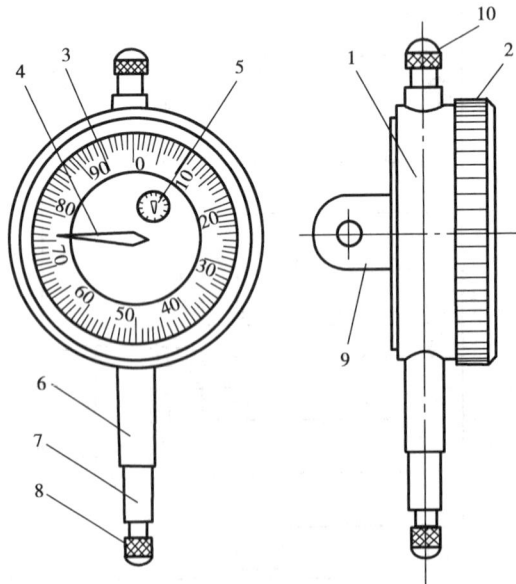

图 1.4.1　百分表

1—表壳　2—齿轮　3—表盘　4—指针　5—毫米指针

6—套筒　7—测量杆　8—测量头　9—耳环　10—圆头

（二）百分表的结构原理

当一个小的压力作用在百分表的测量头上时，百分表的测量杆向内移动,其齿条带动表中的指针旋转,我们可从指针旋转的刻度读出测量杆移动的距离(其内部结构如图1.4.2所示)。

当测量杆移动1 mm时,指针转一周,由于表盘上共刻100格,所以指针每转一格表示测量杆移动0.01 mm。

当测量杆移动距离超过1 mm时,毫米指针将移动,测量杆移动的毫米量由毫米指针表示,通过大小指针的读数,就可得知被测尺寸。

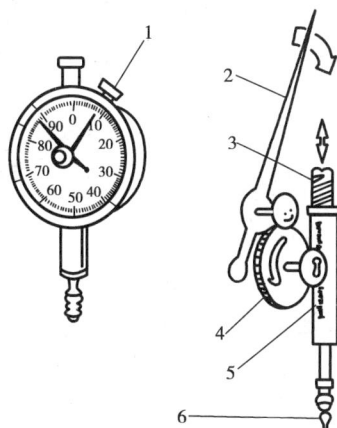

图1.4.2 百分表和其内部结构
1—调"0"旋钮 2—指针 3—复原弹簧
4—齿轮 5—刻度 6—测量头

(三)百分表的使用方法

1.使用前,要将百分表卡紧或装稳(如图1.4.3所示)。

2.测量时,调整滑杆,使其头部接触待检查的零件(如图1.4.4)。

3.旋转表盘,将指针对准刻度盘的"0"刻度。

4.从指针相对于零点的变化可测出零件的误差,这些变化就是从测量杆传递到指针上的,这样的变化在零点的一侧表示为加值,在另一侧表示为减值。

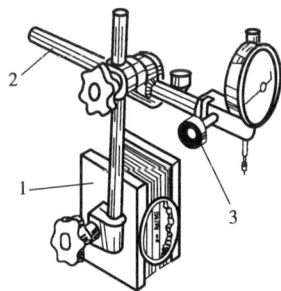

图1.4.3 百分表的正确安装
1—底座 2—滑杆 3—紧固套

例如:百分表贴紧飞轮的端面,检查其端面跳动,如图1.4.4所示。飞轮旋转时,若飞轮端面跳动,则百分表指针将摆动。

(四)注意事项及保养

百分表是灵敏的测量工具,在使用时应特别小心,使用时的注意事项如下:

1.所使用的百分表必须在检定周期内,并检查其外观和各部位合格后方能使用。

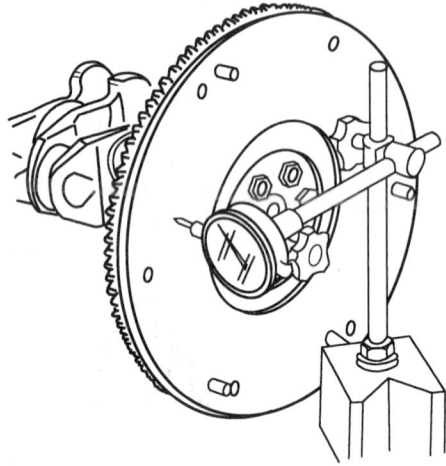

图 1.4.4 用百分表来检查飞轮的端面跳动

2. 测量前,首先把测量头、测量杆、套筒和表盘以及被测件擦净,夹紧百分表的装夹套筒后,测量杆应能平稳、灵活地移动,无卡住现象。

3. 装夹后在未松开紧固套之前,不得转动表体。如需要把百分表转动方向时,必须先松开紧固套。

4. 表架如果放在有油的机架上面,表架会发生微水滑动,影响测量结果。如遇到这种情况,可将一张吸油的纸放在机架上,然后再把表架放在纸上。

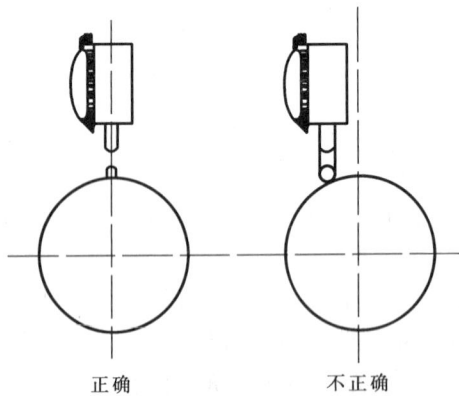

图 1.4.5

5. 百分表只能检测光滑机械表面,不要用于测量毛坯的粗糙表面或有显著凹凸的表面,否则会损伤测头。

6. 测量平面时,测量杆要与被测面垂直,否则不仅测量误差大,而且有可能会把测量杆卡住不能活动,损坏百分表。测量圆柱形工件时,测量杆的中心线要垂直地通过工件的轴心线。如图 1.4.5 所示。

7. 测量时,先把测量杆提起,再把工件推到测量头下面,不得把工件强迫推入到测头下,防止把测头撞坏。

8. 不允许测头被压到尽头,要防止百分表被损坏。

9. 要轻拿轻放,不要过多地拨动测头使它做无效的运动,以防机件不必要的磨损。

10. 不要使表受到剧烈震动,不得敲打表的任何部位。

11. 用完后要把表擦净放回盒内,但不得在测量杆上涂凡士林或其他油类,否则会使测量杆和套筒粘结,造成移动不灵活。

12.不使用时,应让测量杆自由放松,使表处于自由状态,避免其内部机件受到外力作用,以保持精度。

13.百分表应放置在干燥、无磁性、无酸气的地方保存。

14.百分表要严格实行周期检查。

二、千分表

千分表的用途、工作原理与百分表相同。它们的区别是千分表的精度比百分表更高,千分表为 0.001 mm,百分表为 0.01 mm。

常用千分表的测量范围有 0 ~ 1 mm、0 ~ 2 mm、0 ~ 3 mm、0 ~ 5 mm 4 种。

千分表的结构如图 1.4.6 所示。

百分表和千分表在汽车中常用来测量汽缸缸径,如图 1.4.7(a)所示,千分表下端测量杆的运动通过杠杆向上传递给顶部的百分表或千分表,通过指针的偏转可读出汽缸缸径。

对于不同尺寸的汽缸缸径,要装上不同长度的测量杆,这些测量杆都在图 1.4.7(b)中所示的装百分表或千分表以及各种附件的箱子中。

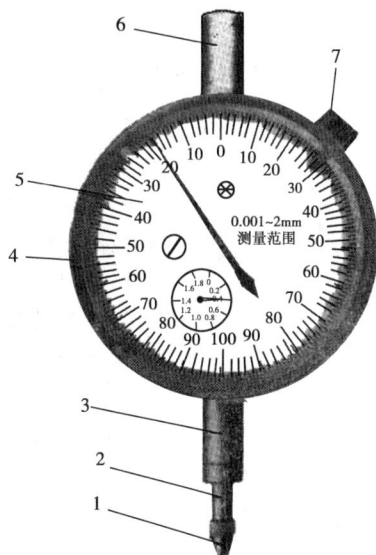

图 1.4.6 　 千分表
1—测量头 　 2—测量杆(测杆)
3—套筒 　 4—表体 　 5—表盘
6—测杆头盖 　 7—调"0"旋钮

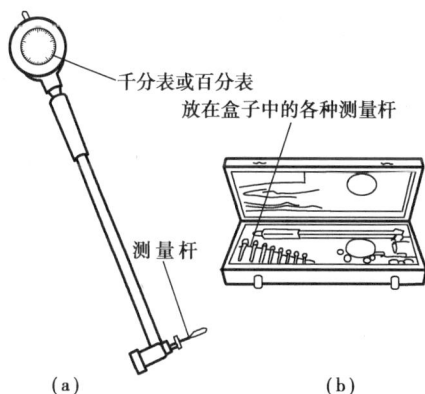

图 1.4.7
(a)和(b)汽缸缸径白(千)分表

37

活动　百分表和千分表的测试

一、任务

　　提供一个百分表或千分表、一根凸轮轴、一个汽车飞轮、一个汽缸,测量并记下凸轮轴的挠度,飞轮的端面跳动,汽缸的缸径,测量结果必须清楚并精确到最小刻度。

二、目的

　　学会使用百分表测量汽车零部件尺寸。

三、准备工作

1. 百分表或千分表

2. 待测定的各种零件(如凸轮轴、飞轮、汽缸)

四、检查步骤

　　指导教师将:

1. 检查你的记录报告。

2. 检查你的测量过程。

3. 检查你的测量数据,老师测定一组数据,你的测量值必须在教师测量值的 0.01 mm 误差范围内。

4. 检查你的调整顺序。

五、学生测量报告

1. 在下面记下测量凸轮轴的结果:

　　(1)凸轮轴的挠度:＿＿＿＿＿＿＿＿＿＿＿＿

　　(2)凸轮轴的升程:＿＿＿＿＿＿＿＿＿＿＿＿

2. 飞轮的端面跳动为:＿＿＿＿＿＿＿＿＿＿＿＿

3. 汽缸缸径为:

　　缸径 1:＿＿＿＿＿＿＿＿＿＿＿＿

　　缸径 2:＿＿＿＿＿＿＿＿＿＿＿＿

　　缸径 3:＿＿＿＿＿＿＿＿＿＿＿＿

4. 使用百分表和千分表时应注意些什么？至少列出 5 条。

_____

_____

_____

_____

_____

5. 请在下列空格中正确填出各表的读数：

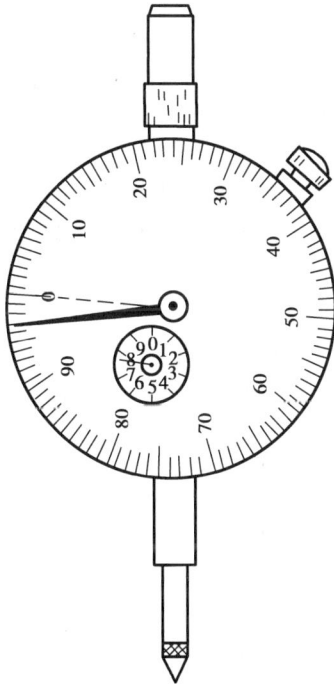

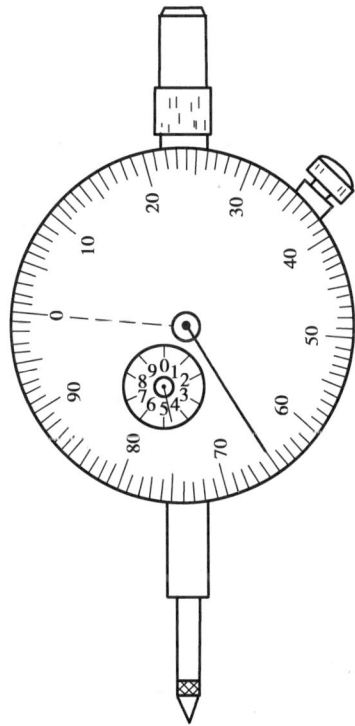

（a）_____　　　　　（b）_____

1.5　使用与维护常用电气测量工具

学习目的

学完本节后,你应能做到:

1. 正确识别各种汽车电气测量仪器。

2. 对每种测量仪器能说出其用途。

3. 当使用和保存测量仪器时能说出和做到必需的防护措施。

4. 能正确使用各种汽车电气测量仪器,能正确读数。

学习前应具备的知识:

知道电路的 3 种形式:1. 串联;2. 并联;3. 串、并联的结合。

为了测试汽车电路和电子元件,就需要有一套测试电流、电压、电阻的设备,主要的电气测量仪器有:

1. 伏特表(电压表);

2. 安培表(电流表);

3. 电阻计(欧姆表);

4. 万用表(电压表、电流表、欧姆表等功能表的组合)。

这些仪器的类型有指针型和数字型两种。

测试仪器的选择应以工作要求为基础。当读数精度要求不太高时,使用便宜的指针型表就足够。

当读数精度要求高时,就需使用数字型表。

在机修工和技术人员中流行使用数字万用表,它能进行电流、电压、电阻的测试,在超负荷状态时也能自动保护。数字万用表的性价比远高于指针型仪表。

一、伏特表(电压表)

1. 伏特表的作用

用来测量存在于电路或电子元件两极间的电压。

• 测量时伏特表要与电路中的元件并联。

• 伏特表读出的刻度读数就是元件两端的电位差,也就是通过元件的电压。

伏特表的结构如图 1.5.1 所示。

2. 使用伏特表的操作步骤

(1)检查指针是否指向零(如有必要可使用调零旋钮进行校正)。

(2)如果电路电压不知道大小,可选择伏特表的最高量程;如果知道电压,可选择伏特表的适当量程。

（3）测量时伏特表要与电路中的元件并联。

（4）伏特表的正极和元件的正极相连接。

（5）伏特表的负极和元件的负极相连接。

其连接线路如图1.5.2所示。

3.伏特表的读数

（1）首先确定测量电压时所选的量程是多少（如图1.5.3所选的量程为30 V）。

（2）应在与所选量程相对应的刻度上进行读数（如图1.5.3应从最上一排刻度上读数）。

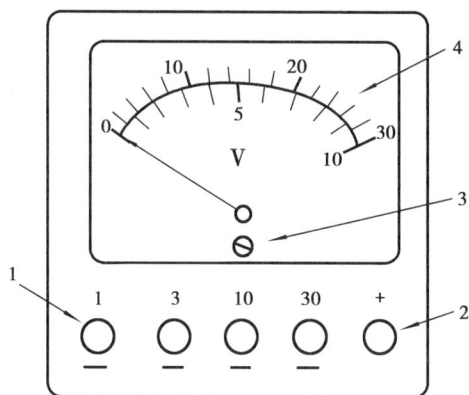

图1.5.1 指针型伏特表
1—负极（黑色）有4个量程
2—正极（红色） 3—调零旋钮
4—电压刻度

读出的数值为:26.2 V。

（3）所选量程为10 V的电压表的读数如图1.5.4所示,应从第二排刻度上读数。

读出的数值为:3.4 V。

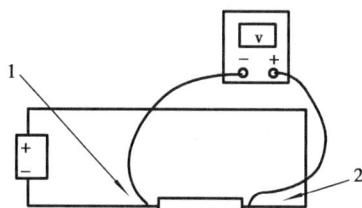

图1.5.2 用伏特表测电压
1—负极 2—正极

二、指针型安培表（电流表）

其结构如图1.5.5所示:

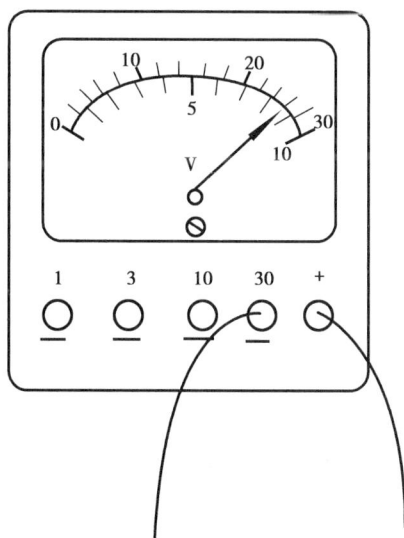

图1.5.3 所选量程为30 V的电压表的读数

41

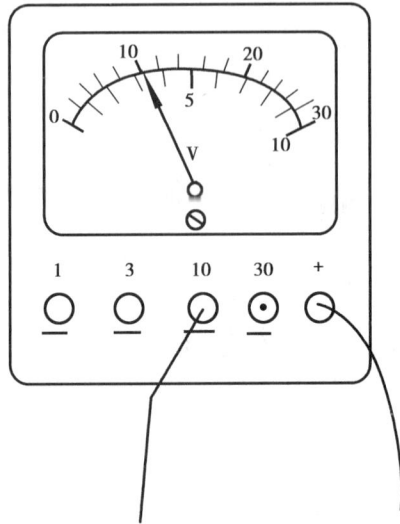

图 1.5.4 所选量程为 10 V 的电压表的读数

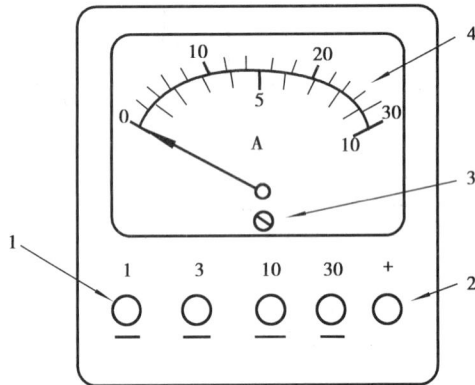

图 1.5.5 指针型安培表

1—负极(黑色)有 4 个量程

2—正极(红色) 3—调零旋钮 4—刻度

1. 安培表的作用

用来测量电路中电流的大小。

• 安培表要作为电路的一部分,与电路中的元件串联。

2. 使用安培表的操作步骤

(1)检查指针是否指向零(如有必要可使用调零旋钮进行校正);

(2)如果不知道电流大小可选择安培表的最高量程,如果知道电流可选择安培表的适当量程;

(3)确定需要测量电流大小的电路的具体位置(如图 1.5.6 所示);

(4)在先前确定的电路部分的方便位置断开线路(如图 1.5.7 所示);

(5)安培表连接到电路的断开部分(如图 1.5.8 所示);

(6)安培表的正极与电流供给的正极相连接。

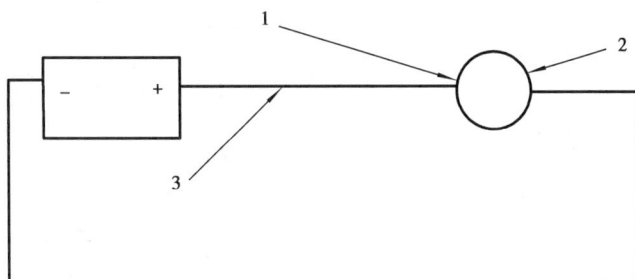

图1.5.6

1—正极 2—负极 3—要测电流的电路位置

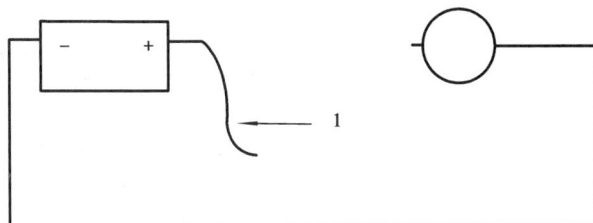

图1.5.7 在要测电流的地方断开线路

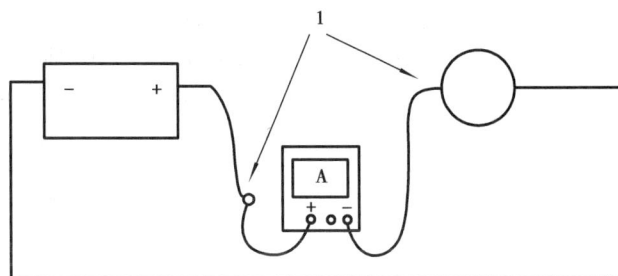

图1.5.8

⚠ 注意

安培表必须与电路相串联,如果并联就会对仪器造成严重的破坏。

3. 安培表的读数

安培表的读数方法与伏特表的读数方法一致:

(1)先确定测量电流时所选的量程是多少(如图1.5.9所选的量程为30 A)。

(2)应在与所选量程相对应的刻度上进行读数(如图1.5.9应从最上一排刻度上读数)。

读出的数值为:26.1 A。

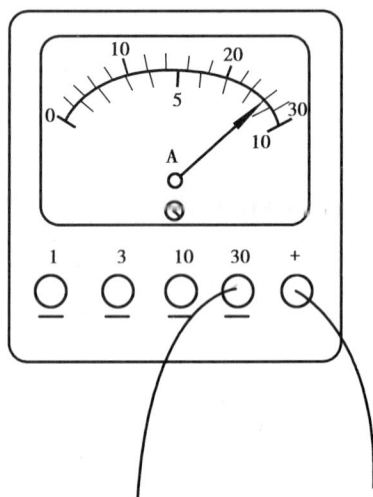

图 1.5.9　安培表的读数

三、指针型欧姆表

指针型欧姆表的结构如图 1.5.10 所示:

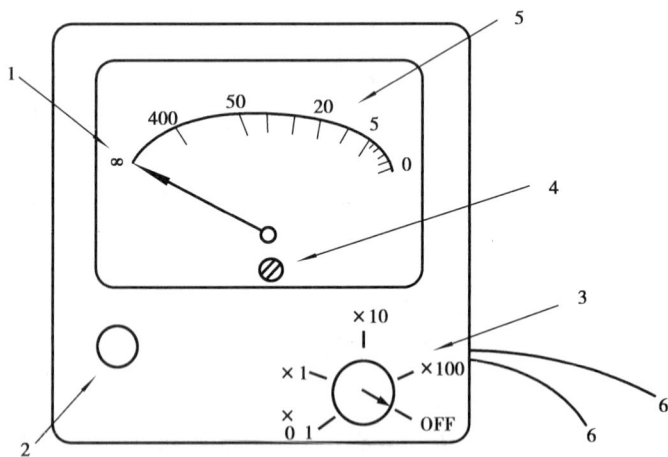

图 1.5.10　欧姆表——指针型

1—无穷大符号　2—调零旋钮　3—选择量程旋钮

4—无穷大调节旋钮　5—刻度　6—测量电极

1. 欧姆表的作用

用来测量电子元件或电路的电阻值大小。

2. 欧姆表在以下方面不同于伏特表和安培表

(1)它有自己的内部电源(1,5,6,9 V);

(2)零读数在指针的右边;

(3)刻度格不成比例;

（4）无穷大调节旋钮用来将指针调至无穷大读数（调节时欧姆表应关闭）；

（5）所选量程与指针的读数相乘得到电阻值；

（6）在所选量程改变时，指针的调零旋钮应将指针调至零读数（两测量极应靠在一起）。

3. 欧姆表的操作步骤

（1）欧姆表关闭时，检查指针是否指向无穷大，若没有，可用无穷大调节旋钮进行调节；

（2）选择合适的量程，当所测元件的电阻值未知时，每个量程都应试一试，直到读出最准确的数值；

（3）红黑表笔短接，观看指针是否指向零点，若未指向零则用调零旋钮将指针调至零（在每次量程改变后，指针必须再次调向零）；

⚠ 注意

确保所测的元件和电路没电流通过，否则连接的电源会破坏欧姆表及影响读数，不确定时不要连接电池（如图1.5.11）。

（4）要对单个元件进行测试时，最好至少断开电路中的一头，以免进行错误的读数；

（5）在所测元件的两端连接好欧姆表，测出电阻和记录读数（如图1.5.11所示）；

（6）断开欧姆表和元件。

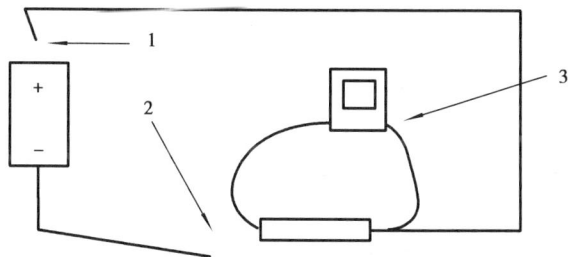

图1.5.11

1—电源的一头应断开　2—元件的一头应断开　3—欧姆表

4. 欧姆表读数

选择欧姆表上的一个量程，连接被测元件两端。

（1）读出指针所指刻度的读数。

!注意

刻度的格数并不成比例,必须观察及算出每一格代表的数字。

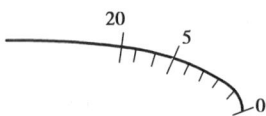

图 1.5.12 欧姆表的刻度

例如图 1.5.12 所示:

在 0 和 5 之间有 5 格,那么每格就是 1,但 5 和 20 之间只有 3 格,那么每格就是 5。

(2)指针所指的刻度数乘以所选的量程就是电阻值。

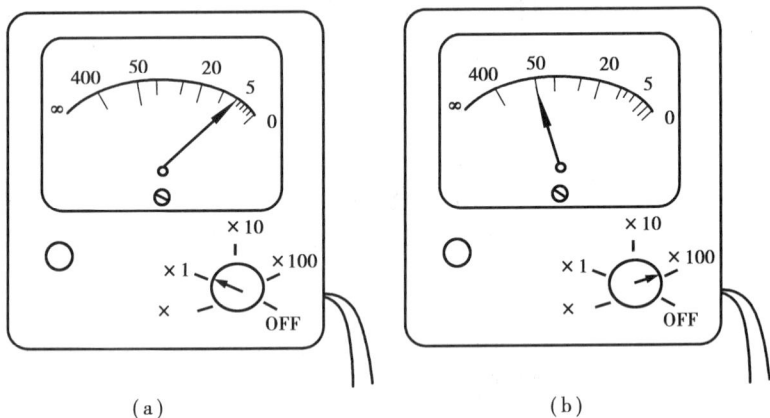

(a)　　　　　　　　　　(b)

图 1.5.13 欧姆表的读数

如图 1.5.13(a)所示:

指针指向 5

量程为:1

测得的电阻值为:$5 \times 1 = 5 \ \Omega$

如图 1.5.13(b)所示:

指针指向 50

量程为:100

测得的电阻值为:$50 \times 100 = 5\ 000 \ \Omega$

四、万用表

万用表分为两种:指针型和数字型。

(一)数字型万用表

数字型万用表非常可靠而且经得起冲击,又防潮,一般在汽车修理厂常常使用。它能防止超负荷,有自动量程,且不需改变刻度。

1.数字型万用表的面板结构

以 DT—830 袖珍式数字万用表为例加以说明,该表的面板形式如图 1.5.14 所示:

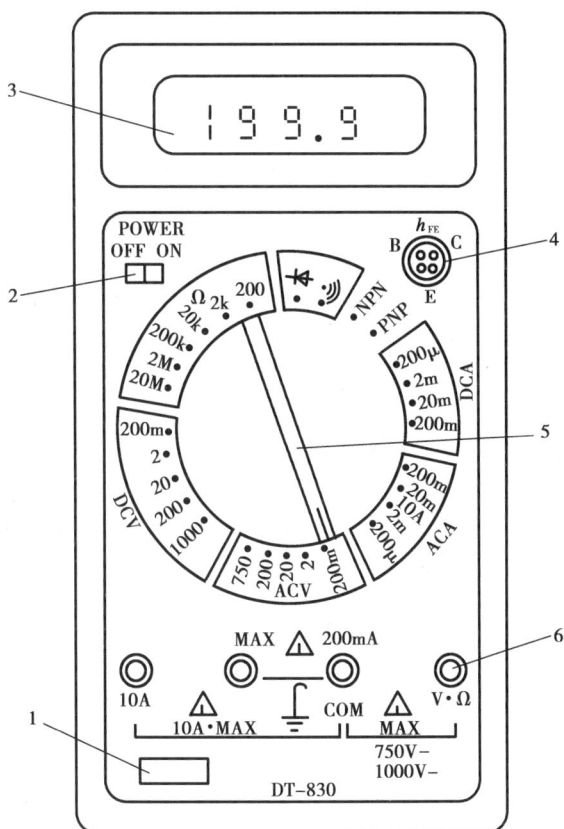

图 1.5.14   DT—830 型数字万用表面板结构图
1—铭牌   2— 电源开关   3—LCD 显示器
4—h_{FE} 插口   5—量程开关   6—输入插口

(1)液晶显示

最大显示值为 1 999(或 – 1 999),若被测电压为负值,显示值前将带"–"号,若所测电压超过万用表量程,显示屏左端显示"1"或"– 1"。

(2)电源开关

面板左上部字母"POWER"(电源)下面,"OFF"表示关,"ON"表示开。

(3)量程开关

在面板中央的量程开关配合各种指示盘,可完成测试功能和量程的选择。

(4)h_{FE} 插口

它是测量晶体管直流放大倍数的,上面标有 B,C,E 字母,使用时把晶体管的 B,E,C 管脚插入相应的插口内。

(5)输入插口

在面板下部有"COM"、"V·Ω"、"mA"、"10 A"共 4 个插口。使用时

黑表笔插入"COM"插孔,红表笔根据被测量的种类和大小插入"V·Ω"、"mA"或"10 A"插孔。

2. 数字万用表的使用方法

以 DT—830 万用表为例说明使用方法,具体如下:

(1)直流电压的测量

将量程开关拨到"DCV"范围内的适当量程挡,黑表笔插入"COM"插口,红表笔插入"V·Ω"插口,将电源开关拨至"ON",两表笔并联接在测量点上,显示屏上便出现测量值。

(2)交流电压的测量

将量程开关拨至"ACV"范围内的适当量程挡,其他与测直流电压时相同。

⚠ 注意

> a. 如果不知被测电压范围,则首先将功能开关置于最大量程后,视情况降至合适量程。
>
> b. 如果只显"1",表示过量程,功能开关应置于更高量程。
>
> c. DCV 不要输入高于 1 000 V 的电压(ACV 时不要输入高于 750 V 的有效值电压),显示更高的电压值是可能的,但有损坏内部线路的危险。

(3)直流电流的测量

将量程开关拨到"DCA"范围内的适当量程挡,红表笔插入"mA"插口,若量程开关置于"200 μA"时,读数的单位为微安;若置于毫安挡时,单位为毫安,若所测电流大于 200 mA 时,需将红表笔插入"10 A"插口,将量程开关拨至"20 mA/10 A",显示读数的单位为安培。

(4)交流电流的测量

将量程开关拨至"ACA"范围内的适当量程挡,其他与测直流电压流时相同。

(5)电阻的测量

将量程开关拨到"Ω"范围内的适当量程挡,红表笔插入"V·Ω"插口,若量程开关置于"Ω"、"kΩ"、"MΩ"时,显示值分别以欧、千欧、兆欧为单位。

⚠ 注意

> 检测在线电阻时,须确认被测电路已关去电源,同时电容已放完电,方能进行测量。

（6）线路通断的检查

将量程开关拨到"·)))"蜂鸣器挡,红黑表笔分别插入"V·Ω"和"COM"插口,若蜂鸣器发出叫声,说明线路接通。

（7）二极管的测量

将量程开关拨至二极管符号挡,红黑表笔分别插入"V·Ω"和"COM"插口,先用红表笔尖接触二极管的正极,黑表笔尖接触二极管的负极,此时万用表显示的是二极管的正向电阻,若二极管内部短路或开路,显示值为000或1。再用黑表笔尖接触二极管的正极,红表笔尖接触二极管的负极,此时万用表显示的是二极管的反向电阻,若二极管是好的,显示屏左端出现"1"字,若损坏,显示值为000。

（8）晶体三极管放大倍数的测量

把晶体管e,b,c管脚插入相应h_{FE}的插口内,根据被测晶体管类型选择"NPN"或"PNP"量程挡,接通电源,显示屏上出现晶体管的直流放大倍数值。

3.数字型万用表的注意事项

数字万用表是一部精密电子仪表,不要随便改动内部电路以免损坏。

（1）不要接到高于1 000 V的直流或有效值为750 V以上的交流电压上去。

（2）切勿误接量程以免外电路受损。

（3）仪表后盖未盖好时切勿使用。

（4）换电池及保险丝须在拔去表笔及关断电源后进行。旋出后盖螺丝钉,轻轻地稍微掀起后盖并同时向前推后盖,使后盖上挂钩脱离仪表面壳即可取下后盖。按后盖上注意说明的规格要求更换电池和保险丝。

（5）万用表用完后应关断电源,放回盒子里去。放在干燥、干净的地方。不允许把表放在高温、易受冲击或易掉下的地方。

（6）不允许乱拨动万用表的功能开关。

（二）指针型万用表

1.它和数字型万用表的区别

（1）指针型万用表的读数需在刻度上读出,不能直接显示。

（2）它的测量精度没有数字型万用表高。

2.指针型万用表的面板结构

指针型万用表的型号规格很多,但其面板结构却大同小异。现以袖珍式U—101型万用表为例加以说明,其面板结构如图1.5.15所示:

面板主要由以下几部分组成:

（1）标度盘

标度盘用黑、绿、红3种颜色,共标注了6条刻度线。第1条刻度线右边标有"Ω"是测量电阻的刻度线;第2条刻度线右边标有"≃",左边标有"mA·V"是测量交、直流电压及直流电流的刻度线。第3条刻度线右边标

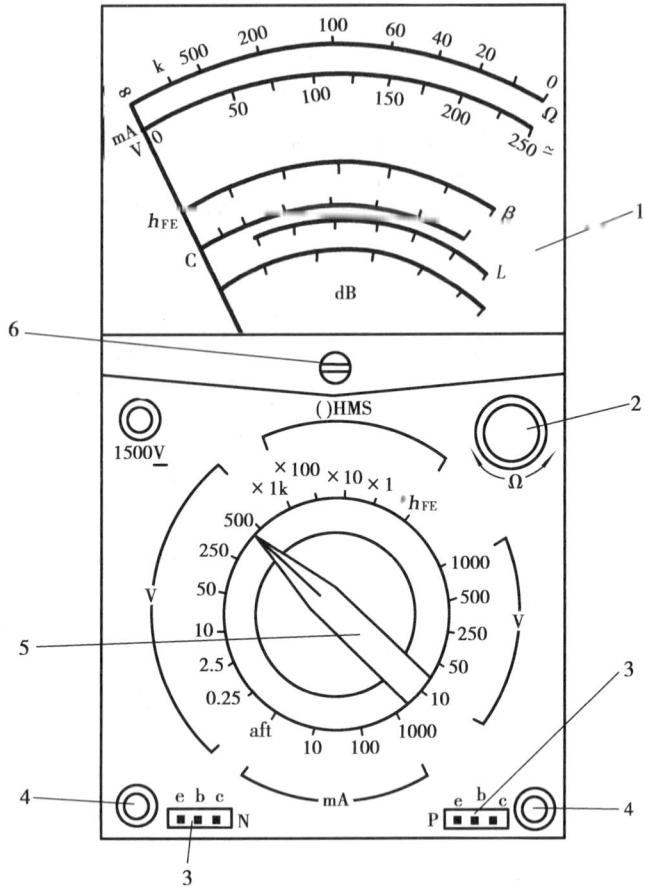

图 1.5.15　U—101 型万用表面板结构图

1—标度盘　2—欧姆调零旋钮　3—h_{FE}插口

4—输入插口　5—量程开关　6—零点调整

有"β",左边标有"h_{FE}"是测量晶体管直流放大倍数的刻度线;第 4 条是测量电容的刻度线;第 5 条是测量电感的刻度线;第 6 条是测量音频电平的刻度线。

（2）量程转换开关

量程转换开关配合标有多种工作状态和量程范围的指示盘,用来完成测量功能和量程的选择。

（3）机械零点调整器

可用一字旋具（平口螺丝刀）旋动机械零点调整器,使指针调整到零位。

（4）调零欧姆旋钮

测量电阻前,先将两表笔短接,调整调零欧姆旋钮,使指针对准在零欧姆刻度上。

（5）输入插口

输入插口是万用表通过表笔与被测量点连接的部位。使用时将红、黑两表笔分别插入"＋"、"－"插口内,测量"1 500 V"直流高压时应将红表笔插入"1 500 V"的插口内,红黑表笔分别接在被测电压的正负端。

(6)h_{FE}插口

它是测量晶体管直流放大倍数的,使用时把晶体管 e,b,c 管脚插入相应的插口内(NPN 型管插入 N 插口内,PNP 型管插入 P 插口内)即可。

3.指针型万用表的使用方法

以 U—101 型万用表为例加以说明,应按下面方法进行操作:

(1)直流电压的测量

将量程开关拨到"V"挡,选择合适的量程,红黑表笔分别插入"＋"、"－"插口内,把表笔接在被测电压的正负端,指针在第 2 条刻度线 V▱读数。

(2)交流电压的测量

将量程开关拨到交流电压挡,选择合适的量程,红黑表笔并接开被测电压的两端,指针仍在第 2 条刻度线读数,其方法同上。

(3)直流电流的测量

将量程开关拨到"mA"挡,选择合适量程,红黑表笔串接到被测电流电路中,使电流从红表笔流入,从黑表笔流出,指针也在表盘的第 2 条刻度线读数。

(4)电阻的测量

将量程开关拨到"Ω"挡,选择合适的量程,先把红黑表笔短接,调节欧姆调零旋钮,使指针对准零位,然后将红黑表笔接在被测电阻两端。待指针偏转后,读出指针在 Ω 刻度的读数,乘以该挡的倍率,就是被测电阻值,例如:用 R×1 k 挡测一电阻,指针读数为 12.5,所测电阻值为 12.5 ×1 000 = 12 500 Ω。

(5)晶体三极管放大倍数的测量

将量程开关拨到 Ω×10 挡,先进行调零,再将量程开关拨至 h_{FE}挡,把晶体管 e,b,c 管脚插入相应的插口内(NPN 型管插入 N 插口内,PNP 型管插入 P 插口内),指针偏转后,读出指针在 β 刻度线的读数,则为晶体管的直流放大倍数 β 值。

(6)电容、电感的测量

将量程开关拨至交流电压的 10 V 挡,被测电容(或电感)一端串接于一表笔,另一端接于 10 V 交流电源的一端,另外一表笔跨接于 10 V 交流电源的另一端,使交流电源、电容或电感、万用表形成回路,指针即偏转指示出相应的电容(或电感)值。

⚠ 注意

在测量之前应先将电容放电。

4. 指针型万用表的读数方法

(1)当选用电压量程时其读数方法同前面讲的伏特表。

(2)当选用电流量程时其读数方法同前面讲的电流表。

(3)当选用电阻量程时其读数方法同前面讲的欧姆表。

5. 指针型万用表的注意事项

(1)如果不知被测电压范围,则首先将功能开关置于最大量程后,视情况降至合适量程。

(2)测直流电时不要输入高于 1 000 V 的电压(测交流电时不要输入高于 750 V 的有效值电压),显示更高的电压值是可能的,但有损坏内部线路的危险。

(3)如果被测电流范围未知,应将功能开关置于高挡逐步调低。

(4)检测在线电阻时,须确认被测电路已关去电源,同时电容已放完电,方能进行测量。

(5)万用表用完后应关断电源,放回盒子里去。放在干燥、干净的地方。不允许把表放在高温、易受冲击或易掉下的地方。

(6)不允许乱拨动万用表的功能开关。

活动 汽车电气测量仪器的测试

一、任务

给一个伏特表、安培表、欧姆表、指针型万用表和数字型万用表,一些需测量的汽车电路和电子元件等设备,测量并记下电路或电子元件的电压、电流、电阻等值及二极管的好坏。

二、目的

学会测量各种电路或电子元件的电压、电流、电阻等值。

三、准备工作

1. 伏特表、安培表、欧姆表、指针型万用表和数字型万用表各一个。

2. 待测的电路或电子元件,如蓄电池、二极管、三极管、电阻等。

四、检查步骤

指导教师将:

1. 检查你的记录情况。

2. 检查你的测量过程、测量方法是否正确。

3. 测量给定的电路或电子元件,测量结果必须在教师测量值的 ±1 个单位误差范围内。

4. 将询问你使用测量仪器时应注意些什么? 应如何保养测量仪器?

五、学生测量报告

1.（1）用电压表测定的电压为：	（2）用万用表测定的电压为：
电压1：	电压1：
电压2：	电压2：
电压3：	电压3：
电压4：	电压4：
2.（1）用电流表测定的电流值为：	（2）用万用表测定的电流值为：
电流1：	电流1：
电流2：	电流2：
电流3：	电流3：
电流4：	电流4：
3.（1）用欧姆表测定的电阻值为：	（2）用万用表测定的电阻值为：
电阻1：	电阻1：
电阻2：	电阻2：
电阻3：	电阻3：
电阻4：	电阻4：

4. 判断二极管的好坏。

万　用　表	好	坏
指针型万用表		
数字型万用表		

5. 为什么使用欧姆表时应先断开电源？

_____

_____。

6. 测量电压时仪表应采用什么连接方式？测量电流时仪表应采用什么连接方式？
测量电阻时仪表应采用什么连接方式？

_____

_____。

单元鉴定单

单元 1 鉴定表格

1.1　使用与维护简单测量工具

鉴定内容	完成	否
你是否完成活动 1 的要求,并得到教师的确认?		
你是否完成活动 2 的要求,并得到教师的确认?		
你是否完成活动 3 的要求,并得到教师的确认?		
你是否完成活动 4 的要求,并得到教师的确认?		
你是否能回答老师提出的问题?		
教师签字:＿＿＿＿＿＿＿＿＿ 学生签字:＿＿＿＿＿＿＿＿＿ 日期:＿＿＿＿＿＿＿＿＿＿		

1.2　使用与维护游标卡尺

鉴定内容	完成	否
你是否完成本节活动 1 的要求,并得到教师的确认?		
你是否能回答老帅提出的问题?		
教师签字:＿＿＿＿＿＿＿＿＿ 学生签字:＿＿＿＿＿＿＿＿＿ 日期:＿＿＿＿＿＿＿＿＿＿		

1.3　使用与维护千分尺

鉴定内容	完成	否
你是否完成本节活动 1 的要求,并得到教师的确认?		
你是否能回答老师提出的问题?		
教师签字:＿＿＿＿＿＿＿＿＿ 学生签字:＿＿＿＿＿＿＿＿＿ 日期:＿＿＿＿＿＿＿＿＿		

1.4　使用与维护百分表、千分表

鉴定内容	完成	否
你是否完成本节活动 1 的要求,并得到教师的确认?		
你是否能回答老师提出的问题?		
教师签字:＿＿＿＿＿＿＿＿＿ 学生签字:＿＿＿＿＿＿＿＿＿ 日期:＿＿＿＿＿＿＿＿＿		

1.5　使用与维护常用电气测量工具

鉴定内容	完成	否
你是否完成本节活动 1 的要求,并得到教师的确认?		
你是否能回答老师提出的问题?		
教师签字:＿＿＿＿＿＿＿＿＿ 学生签字:＿＿＿＿＿＿＿＿＿ 日期:＿＿＿＿＿＿＿＿＿		

单元学习评估表

现在学生已经完成了这一单元的学习,希望学生能对所参与的活动提出意见,请你在相应的项目上打钩。

请在相应的栏目内打钩	非常同意	同意	没有意见	不同意	非常不同意
1. 这一单元给我很好地提供了……的综述?					
2. 这一单元帮助理解了……的理论?					
3. 我现在对尝试……感到了自信?					
4. 该单元的内容适合我的需求?					
5. 该单元中举办了各种活动?					
6. 该单元中不同部分融合得很好?					
7. 单元学习中教师待人友善愿意帮忙?					
8. 单元学习让我做好了参加评估的准备?					
9. 该单元中所有的教学方法对我学习起到了帮助的作用?					
10. 该单元提供的信息量正好?					
11. 评估看来公平、适当?					
你对改善本科目后面单元的教学有什么建议?					

单元 2　使用与维护常用职场工具及设备

学习目的

学完本单元后,你应能做到:

1. 正确识别、选用各种职场工具。

2. 对每种职场工具能说出其用途。

3. 当使用和保存职场工具时能说出和做到必需的防护措施。

4. 能正确使用、保养各种职场工具。

学习资源

1. 各种职场工具:如扳手、扳钳、套筒、螺丝刀、撬棍、砂轮、虎钳、钢锯、錾子、锉刀、丝锥、板牙、拉拔器、电钻、冲击扳手、压缩机等。

2. 一些汽车零部件。

3. 介绍各种职场工具的文字资料、书籍,如:

(1)机械工业职业技能鉴定指导中心主编. 钳工常识. 北京:机械工业出版社

(2)汪仁声,赵源康主编. 简明钳工手册. 上海:上海科学技术出版社

(3)机械工业职业技能鉴定指导中心主编. 初级机修钳工技术. 北京:机械工业出版社

(4)教师提供的图片资料。

4. 介绍各种工具知识的网站,如:

中华汽保网 http://www.cjqbw.com。

鉴定方法

指导教师将通过以下方法鉴定学生:

1. 检查学生的记录表格。

2. 询问学生怎样识别、选用、保养各种职场工具。

3. 要求学生正确操作使用各种职场工具。

4. 当学生使用和保存这些职场工具时,将询问学生安全的防护措施有哪些? 目的是人不能受到伤害。

2.1 扭转类手动工具的识别、选择和使用

学习目的

学完本节后,你应能做到:

识别、选择及正确、安全地使用和保养扭转类手动工具。

汽车在拆装和维修过程中,需大量使用各种各样的职场工具和专用工具,其中手动工具使用频率特别高,而手动工具可分为7大类,即:

1. 扭转类。

2. 固定和卡紧类。

3. 锤击和击打类。

4. 切割和成型类。

5. 钻孔和铰孔类。

6. 攻丝类。

7. 磨削、研磨、推拉类。

手动工具一般放在工具箱中保存,如扳手、螺丝刀、钳子、锤子、冲子等工具使用完后必须保管于工具箱中,保持工具清洁,并分类放置,以方便以后使用。

图2.1.1所示为工具箱和带格子的工具柜。

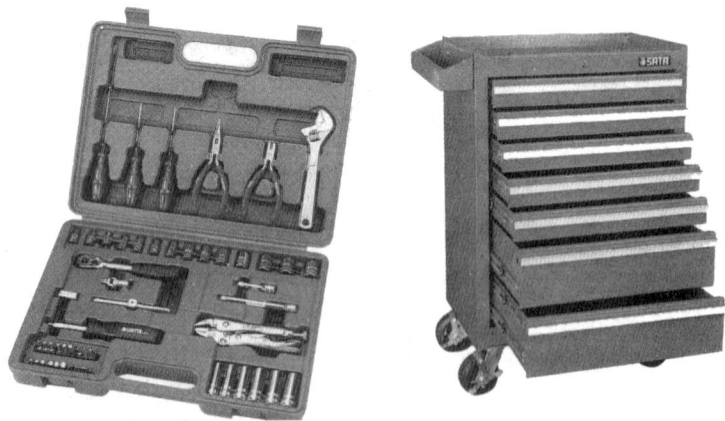

图2.1.1 工具箱和工具柜

本节将重点介绍扭转类手动工具。

一、操作和使用职场工具的安全警告

造成事故的原因一般有两种：

- 不安全的操作。
- 不安全的周围环境。

1. 不安全的操作主要包括：

　A. 在靠近滑轮、传动带及电风扇工作时，穿宽松的衣服。

　B. 把工具和装备随意留在过道边。

　C. 工作时开玩笑。

　D. 没有穿特制的防护服和鞋子。

　E. 操作工具过急。

　F. 工作之前没把手上的油脂洗干净。

　G. 没有按照安全操作规程操作机器和设备。

　H. 留有长发时，没戴帽子或网罩。

　I. 使用电动工具或使用凿子时，没戴上护目镜。

　J. 工作时戴戒指项链，焊接时不戴面罩。

　K. 使用工具后，没有整理、清洗。

　L. 在车间里面吸烟。

2. 不安全的工作环境主要有：

　A. 在弱光下工作。

　B. 没有立即把溢出来的油液擦干净，或存在易燃易爆物品。

　C. 操作没有护体的机器。

　D. 工作的噪声过大。

　E. 装备的安全条件很差。

　F. 通风条件差，不能很好地排除废气。

二、扭转类手动工具的分类和作用

1. 扭转类的手动工具主要包括：

扳手、套筒、螺丝刀、专用钳子和其他专用工具等。

2. 扭转类工具的作用

扭转类工具主要用来拧紧或旋松螺栓、螺母和螺钉，或者用来扭转其他带有螺纹的零件。

三、扳手

扳手用来拧紧（或拧松）螺栓和螺母。

扳手的类型较多，常见的有：开口扳手、套筒扳手、梅花扳手、开口和梅花的组合扳手以及活动扳手等，每种类型的扳手都有其特殊的用途。

图 2.1.2 开口扳手

（一）开口扳手

开口扳手的结构如图 2.1.2 所示。

1. 用途

（1）多用于拧紧（拧松）标准规格的螺栓或螺母。

（2）可以上下套入或横向插入，使用方便。

（3）不可用于拧紧力矩较大的螺栓或螺母。

2. 使用要点

（1）开口扳手只能在一个有限的空间中扳动螺栓或螺母，在螺栓或螺母被扳转到极限位置后，再将扳手取出重复原先的过程。

（2）扳动扳手的方向应朝里，而不应往外推，这样操作更省力，若必须向外推扳手时，应将手掌张开去操作。

（3）使用开口扳手对螺栓或螺母做最后拧紧时，加在扳手上的力应根据螺栓拧紧力矩要求而定，不能太大，否则会导致螺纹滑丝。

（4）使用开口扳手时若放置的位置太高，或只夹住螺帽头部的一小部分，扳手在使用时会打滑，如图 2.1.3（a）所示。

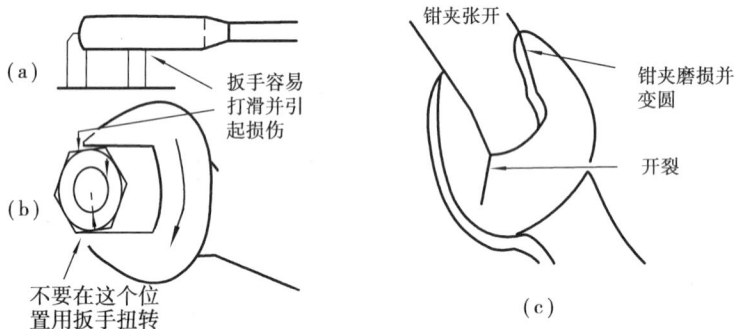

图 2.1.3

（5）开口扳手的开口端若大于螺帽头部两相对平台宽度时，因开口端与螺帽的头部接触减少会导致扳手打滑，应在确信扳手和螺帽刚好配合后才能施力，如图 2.1.3（b）所示。

（6）错误使用开口扳手造成的后果如图 2.1.3（c）所示。

3. 开口扳手的选择

（1）目测螺栓头部平台的宽度，根据宽度选用扳手尺寸。

（2）扳手的型号选择要适当，若扳手的型号选择不当，在使用时可能会产生打滑。

（3）在扳手上标有使用的尺寸，若扳手上尺寸的单位是毫米，该扳手就为公制型号扳手；若尺寸为英寸，该扳手就为英制扳手。

（4）一般情况下梅花扳手可代替开口扳手。

（二）梅花扳手（环型扳手）

1. 梅花扳手的特点

如图 2.1.4 所示为梅花扳手,梅花扳手具有以下特点:

(1)两端是套筒。套筒内孔是由两个正 6 边形相互同心错开 30°而成。

(2)使用时,扳手扳动 30°后,则可更换位置,适用于狭窄场地的操作。

(3)使用时,可将螺栓、螺母的头部全部围住,不易脱落,安全可靠。

(4)与开口扳手相比,拧紧(拧栓)的力矩较大,但受空间的限制也较大。

梅花扳手　　　　　　　　　双梅花棘轮扳手

图 2.1.4　梅花扳手

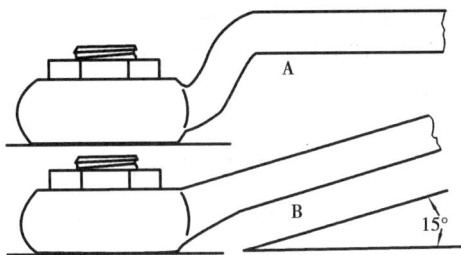

图 2.1.5　一个带弯曲手柄或角度手柄的
梅花扳手,与开口扳手相比,梅花扳手有
更好的使用性能

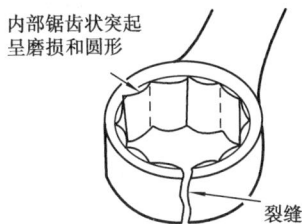

图 2.1.6　一个破坏了的梅花扳手

(5)扳手手柄带有弯曲或角度,使用时可以为手指提供间隙,防止擦伤皮肤,如图 2.1.5 所示。

2.使用注意事项

(1)不要使用带有裂纹和已严重磨损的梅花扳手,否则会伤害你!如图 2.1.6 所示。

(2)6 边形的梅花扳手比 12 边形的梅花扳手更具防滑性。

(3)为了防止打滑,在使用梅花扳手之前,要判断螺帽尺寸,以决定采用哪种型号的公制扳手或英制扳手。

(4)为了安全,你要朝自己的方向来拧动扳手,如图 2.1.7 所示。

(5)避免用加长的管子套在扳手上以延伸扳手的长度进而增大扭矩,这样会导致工具损坏。

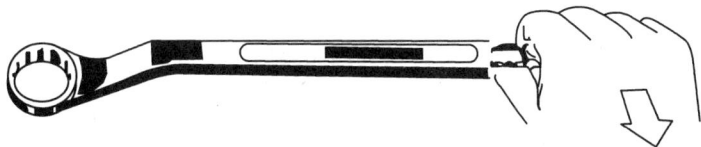

图 2.1.7

（三）带开口的梅花扳手

该类扳手的一端是梅花端,而另一端是开口端。开口端用于环境条件比较狭窄的地方,其形状如图 2.1.8 所示。

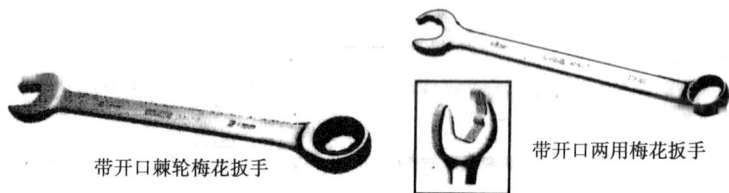

带开口棘轮梅花扳手　　　　带开口两用梅花扳手

图 2.1.8　带开口的梅花扳手

（四）专用扳手

如图 2.1.9 中所示为专用扳手,是为拆卸或安装一些特殊形状的螺栓和螺母而专门设计的。C 型和 S 型梅花扳手可用于扳动进气歧管的螺栓和螺母,同时也可用于普通梅花扳手难以接近的地方。

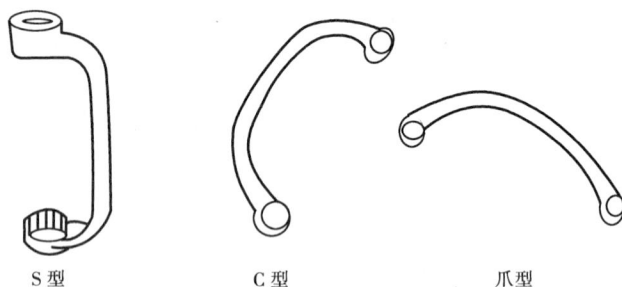

S 型　　　　　　C 型　　　　　　爪型

图 2.1.9　专用扳手

爪型梅花扳手像 L 形,它同加长杆一起使用,可用来拧紧汽缸盖螺栓。

（五）活动扳手

1. 活动扳手的特点

图 2.1.10　活动扳手

活动扳手的形状如图 2.1.10 所示,其特点是:

（1）能在一定范围内任意调节开口尺寸。

（2）用于拆装开口尺寸限度以内的螺栓、螺母,特别对不规则的螺栓、螺母更能发挥作用。

（3）可以拧紧力矩较大的螺栓、螺母。

（4）只能在开口紧固好后才能开始使用。

2. 使用方法

（1）应将活动钳口调整合适,使扳手与螺母或螺栓头两对角边贴紧。

（2）工作时应让扳手钳口的可动部分受推力,固定部分受拉力。其正确操作方法如图 2.1.11 所示。

（六）扭矩扳手(扭力扳手)

1. 扭矩定义

扭矩是指扭力与力臂的乘积。在图2.1.12中,在1米长力臂的右端头上施加1牛顿的力,这样在臂的另一端就产生了1牛顿·米(1 N·m)的扭矩(旋转力矩)。

通过改变力臂的长度或增加扭力,可改变扭矩大小。扭矩的单位是牛顿·米或千克力·米,较小的扭矩值也可用牛顿·毫米(N·mm)来计量。

汽车维修中常用的扭矩扳手一般为30千克力·米的规格。(1千克力=9.8牛顿)

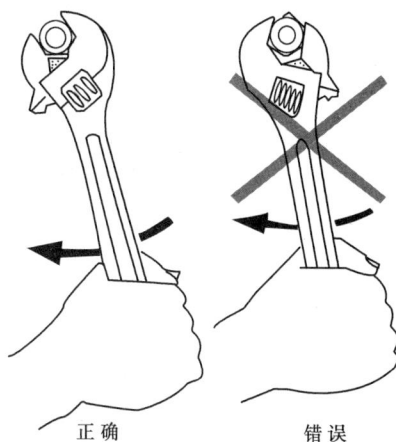

正确　　　　错误

图2.1.11　扳手的使用

2.扭矩扳手的种类

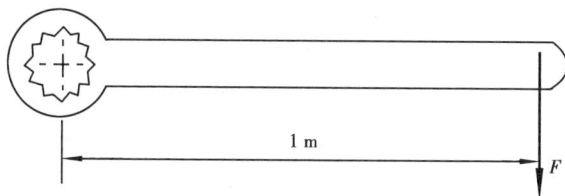

图2.1.12　图解扭矩:在箭头所示的方向上
施加1牛顿的力就会产生1牛顿·米的扭矩

扭矩扳手有指示性扭矩扳手和定扭矩扳手两种。

(1)指示性扭矩扳手可以把所施力矩用读数显示出来。

(2)定扭矩扳手可以根据扭矩需要预先设置力矩,当所施力矩超过设置力矩时,会自动发出响声,如继续施力则自动打滑。

3.扭矩扳手的用途

扭矩扳手用于拧紧有力矩要求的螺栓或螺母。

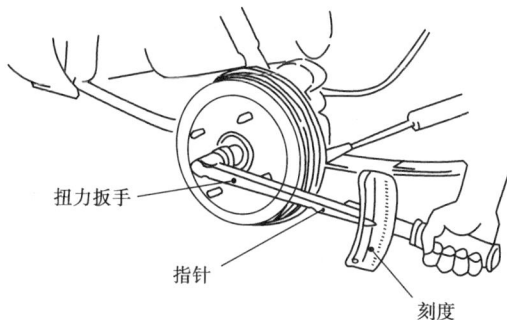

图2.1.13　使用指示性扭矩扳手来拧紧一个车桥螺母

对一些重要的螺栓或螺母,生产厂家详细规定了扭矩值。在拧紧时,需用扭矩扳手来达到所需扭矩值或校验扭矩值。

4.扭矩扳手的使用

图 2.1.13 为一把正在使用中的指示性扭矩扳手,在其手柄上有一个刻度,该刻度的单位是牛顿·米,同时还有一个指针,当施加力时,手柄与指针会错开一个角度,从而指示出扭矩值。

⚠ 注意

使用扭矩扳手时不允许有外接加长装置。

(七)内 6 角扳手

1.用途

如图 2.1.14 所示,内 6 角扳手用于扳动内 6 角头螺钉,比如皮带轮上的无头螺钉,以及一些自动变速器调节装置上的内 6 角螺钉。

2.使用方法

(1)选取合适的内 6 角扳手对正后加力即可。

(2)内 6 角扳手的选取应与螺栓内 6 方孔相适应,不允许使用套筒等加长装置,以免损坏螺栓或扳手。

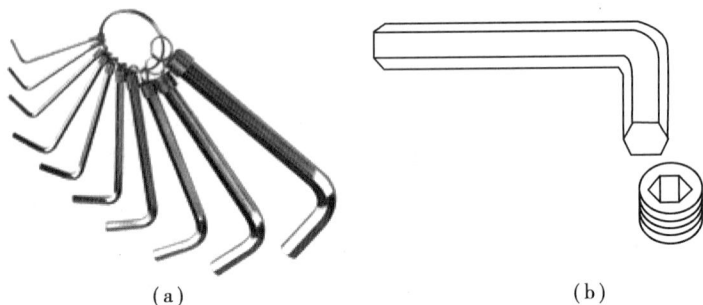

(a)   (b)

图 2.1.14
(a)内 6 角扳手   (b)内 6 角螺栓和扳手

(八)扳手尺寸的确定

扳手的尺寸是根据螺母或螺栓头的尺寸来确定,该尺寸为螺栓或螺母头部的一个侧面到另一个横跨侧面的长度。如图 2.1.15 所示。

公制扳手用毫米标识,常用的尺寸有 6 mm,7 mm,8 mm,10 mm,12 mm,14 mm,17 mm,19 mm 等,一套公制扳手的尺寸范围是 6 ~ 32 mm,以 1 mm,2 mm 或 3 mm 为一级。

采用 SAE(美国汽车工程师学会)标准的扳手是用分数形式的英寸来标识的。一套英寸扳手的尺寸

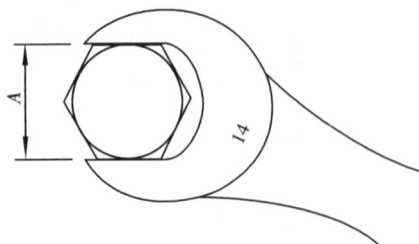

图 2.1.15 扳手的尺寸,"A"是横跨螺母或螺栓头对边的尺寸

范围是 1/4 ~ 1 英寸,以 1/16 英寸为一级。

四、套筒

套筒呈短管状,使用时套在螺帽上,用一根可拆卸的手柄一起使用。套筒内部一端呈 6 角形状用来套螺栓头,另一端有一个正方形的端头,该端头用来与拆卸手柄配合,如图 2.1.16 所示。

6 角英制长套筒　　　　6 角接头套筒　　　　6 角英制套筒

6 角旋具头套筒　　　　6 角公制长套筒　　　　6 角花形套筒

火花塞套筒

图 2.1.16　套筒

(一)套筒用途

套筒用于拧紧或拧松扭力较大的或头部制成特殊形状的螺栓、螺母。如加上万向接头,可用于空间较狭小的场所,如加上摇柄或棘轮扳手可提高工作效率。

(二)使用方法

(1)根据工作空间的大小、扭力的要求选用合适的手柄和套筒头进行作业。

(2)使用时左手夹住连接处,右手握住手柄加力。

(三)使用注意事项

- 使用套筒时不要使用出现裂纹或已损坏了的套筒,这种套筒会引起打滑!
- 使用套筒时要正确选择套筒型号(公制型号或英制型号),若选择不正确则套筒在使用时极有可能打滑,从而损坏螺栓。
- 套筒头的选用必须与螺栓、螺母的形状及尺寸相适合。

五、套筒手柄

如图 2.1.17 所示为各种形状的套筒手柄装于套筒上,用于扳动套筒。

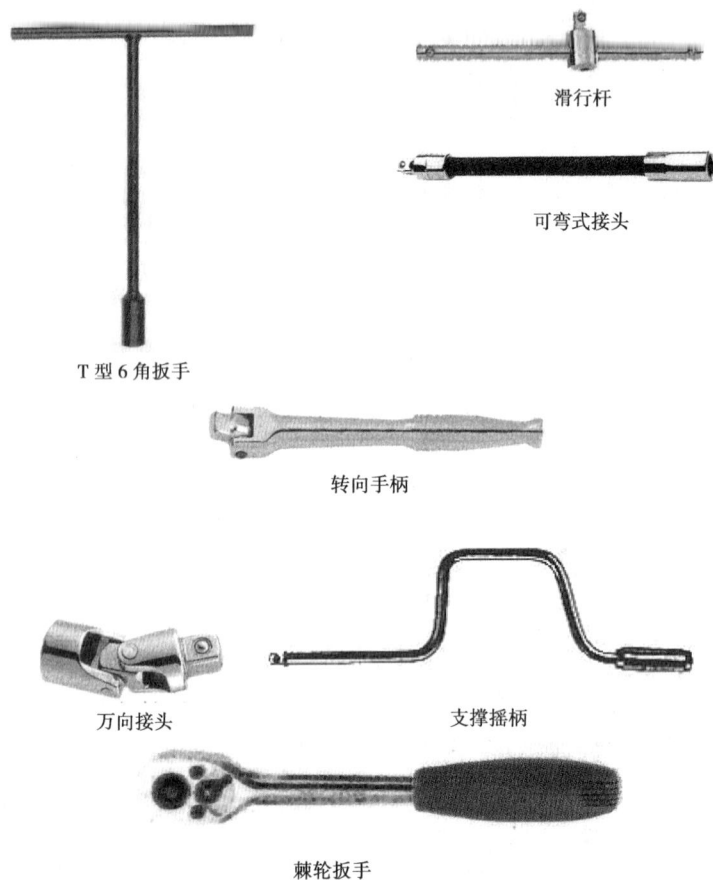

滑行杆

可弯式接头

T 型 6 角扳手

转向手柄

万向接头

支撑摇柄

棘轮扳手

图 2.1.17　套筒手柄及附件

⚠ **使用注意事项**

1. 不要使用棘轮扳手来对螺栓或螺母进行最后拧紧,这样会导致棘轮扳手的棘轮机构损坏,如图 2.1.18 所示。

图 2.1.18　如果用棘轮扳手做最后的拧紧,会损坏棘轮机构

2. 使用扭矩扳手时,应将扳手朝着自己的方向拧动,这样相对比较安全,如图 2.1.19 所示。

3. 对一个零件上有很多需紧固的螺栓,在拧紧螺栓的选择中,要注意

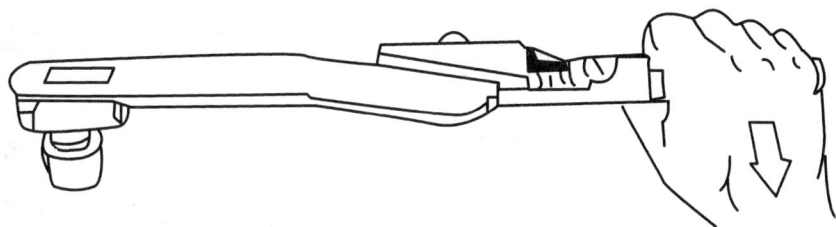

图 2.1.19

拧紧次序,一般的拧紧方法是从中间开始,周边结束。

4.在拧紧圆圈排列的螺栓过程中,正确的方法如图 2.1.20 所示,应使用交叉的次序,这样可防止零件扭曲变形。

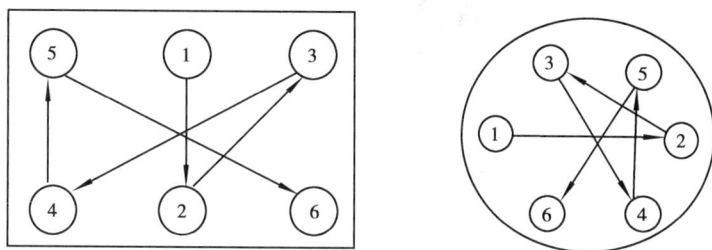

图 2.1.20　两种简单的安装螺栓的次序

⚠ 注意

如果从边缘开始拧紧螺栓,那么中间的那个螺栓就有可能不能完全拧紧,如图 2.1.21 所示。

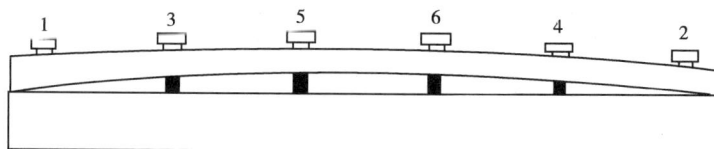

图 2.1.21　从平盘边缘开始拧紧螺栓的效果图

六、螺丝刀(改锥、起子)

1.螺丝刀形状

如图 2.1.22 所示为各种不同型号的螺丝刀,其刀杆的长度和刀杆端头各不相同。

一字螺丝刀用于单个槽的螺钉,十字螺丝刀用于带十字槽头的螺钉或沉头螺钉。汽车车身上的许多螺钉都是十字槽螺钉。

弯头螺丝刀(图 2.1.23)有两个彼此成直角的短刃。使用时螺钉每次

（a）

（b）

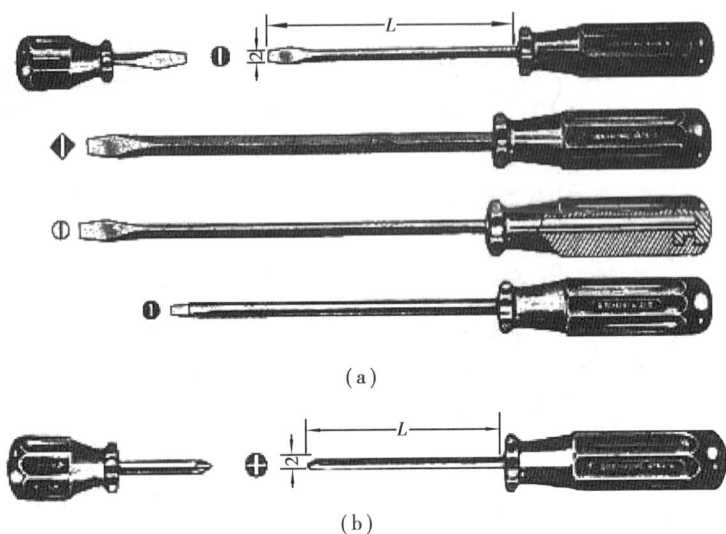

图 2.1.22　螺丝刀

（a）普通一字螺丝刀　（b）普通十字螺丝刀

旋转 1/4 圈(90°),可交替使用刀口。

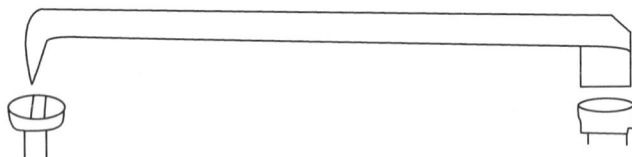

图 2.1.23　弯头螺丝刀

2.螺丝刀的使用

（1）使用时,右手握住螺丝刀,手心抵住柄端,螺丝刀与螺钉同轴心,压紧后用手腕扭转,拆卸时螺钉松动后用手心轻压螺丝刀,用拇指、中指、食指快速扭转。

（2）使用时,将螺丝刀垂直,刀口应与螺钉槽口大小、宽窄、长短相适应。为了使螺丝刀和螺钉槽很好地配合,使用前要清除螺钉槽里的油漆和赃物。

（3）如果螺丝刀的头部太厚,则不能落入螺钉槽。如果螺丝刀的头部太薄,使用时头部容易扭曲,如图 2.1.24 所示。

3.螺丝刀的维护

（1）螺丝刀的刀刃必须正确地磨削,刀刃的两边要尽量平行(图 2.1.25)。如果刀刃成锥形,当转动螺丝刀时,刀刃极易滑出螺钉槽口。

（2）螺丝刀的头部不要磨得太薄,或磨成除方形外的其他形状。

（3）在砂轮上磨削螺丝刀时要特别小心,它会因为过热,而使螺丝刀的锋口变软。在磨削时,要戴上护目镜。

（4）如果一手紧握螺丝刀,另一手紧握工件,当操作时,螺丝刀易滑动,

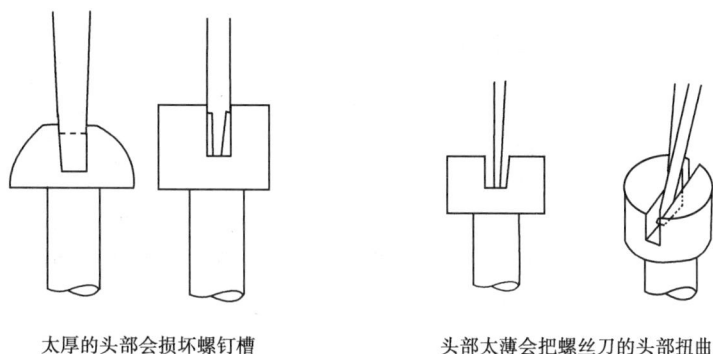

太厚的头部会损坏螺钉槽　　　　头部太薄会把螺丝刀的头部扭曲

图 2.1.24

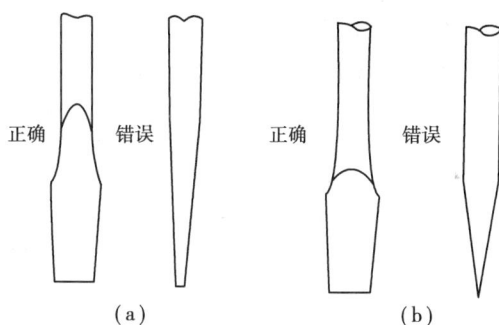

（a）　　　　　　　　（b）

图 2.1.25

这样容易把手凿伤,因此要把工件固定后,才操作螺丝刀。

（5）不要把螺丝刀当成凿子、钻孔器或撬棒使用。

七、撬棍

1. 用途

图 2.1.26 中为两种类型的撬棍。图中撬棍的一端有一个套筒,用于拆装车轮螺母;在另一端是一根撬杆,用于撬动旋转件或撬开结合面,也可用于工件的整形,它是汽车工具箱中的普通工具。

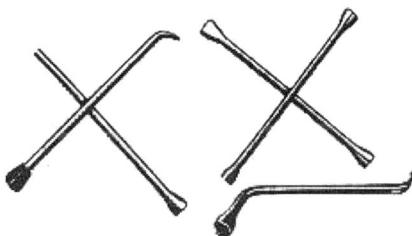

图 2.1.26　撬棍

2. 使用方法

将其稳定地支撑于一位置,加力使之旋转或撬起。

3. 使用注意事项

（1）撬棍不能代替铜棒使用。

（2）撬棍不可用于软材质结合面。

活动

一、任务

1. 将各类手动工具从工具箱中取出,并正确地放回原处。

2. 使用开口扳手、梅花扳手、活动扳手旋紧或旋松螺母。

3. 测量螺帽的尺寸,根据不同的螺母选择公制或英制开口扳手、梅花扳手。

4. 使用扭矩扳手将一螺母旋至 150 牛顿·米。

5. 使用内 6 角扳手拆装螺栓。

6. 使用套筒、棘轮扳手拧螺母。

7. 根据螺钉的情况,选择正确的螺丝刀。

8. 到工具房内辨认所学的所有扭转类工具,并说出其用途。

二、目的

学会正确使用各种扭转类手动工具。

三、准备工作

1. 装满各种工具的工具箱。

2. 各类开口扳手、梅花扳手、活动扳手、扭矩扳手、内 6 角扳手,带多个不同型号螺母的零件。

3. 棘轮扳手、各类套筒及套筒手柄、测量用卡尺。

四、请回答下列问题,若有困难请向老师寻求帮助

1. 使用扳手时,如果扳手和工件配合不好,将会带来什么后果?

_____

2. 列举出引起套筒在螺栓上产生打滑的两个原因?

_____

3. 如果使用棘轮扳手来对螺栓进行最后拧紧,这样行吗? 为什么?

_____

4. 6 边形和 12 边形梅花扳手哪种更具防滑性?

_____

5. 说出当拧紧一个螺栓时,扳手拧动的方向。

_____

6. 为什么环型扳手的手柄要带有弯度或角度?

_____
_____

7. 在一个螺栓分布如下图所示的零件上标明螺栓拧紧顺序。

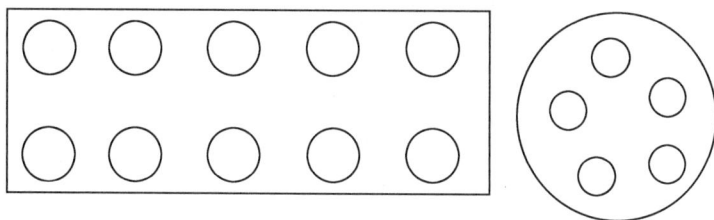

8. 如果使用锋口太薄的螺丝刀,将会怎样?

_____

9. 如果一手拿住工件,另一只手操作螺丝刀,将会怎样?

_____

10. 当磨削螺丝刀的头部时,如果头部过热,头部会发生什么样的变化?

_____

🖐 扭转类工具操作鉴定单

序号	鉴定内容	鉴定结果	
		符合要求	不符合要求
1	将各类手动工具从工具箱中取出,并正确地放回原处。		
2	使用开口扳手、梅花扳手、活动扳手旋紧或旋松螺母。		
3	测量一个螺帽的尺寸,根据不同的螺母选择公制或英制开口扳手、梅花扳手。		
4	使用扭矩扳手将一螺母旋至150牛顿·米。		
5	使用内6角扳手拆装螺栓。		
6	使用套筒、棘轮扳手拧螺母。		
7	根据螺钉的情况,选择正确的螺丝刀。		
8	到工具房内辨认所学的所有扭转用的工具,并说出其用途。		
学生姓名:		学号:	
教师签名:		日期:	

2.2 固定和卡紧类工具的识别、选择和使用

 学习目的

学完本节后,你应能做到:
识别、选择及正确安全的使用、保养固定和卡紧类手动工具。

一、概述

在职场中,往往需要对零部件进行固定,对零部件的固定可使用各种各样的工具,包括钳子、手虎钳、针钳、夹钳和夹具等。

二、工具的识别、选用

(一)钳子

钳子的种类很多,汽车上常用的有鲤鱼钳和尖嘴钳,图 2.2.1 所示为几种常见的钳子。

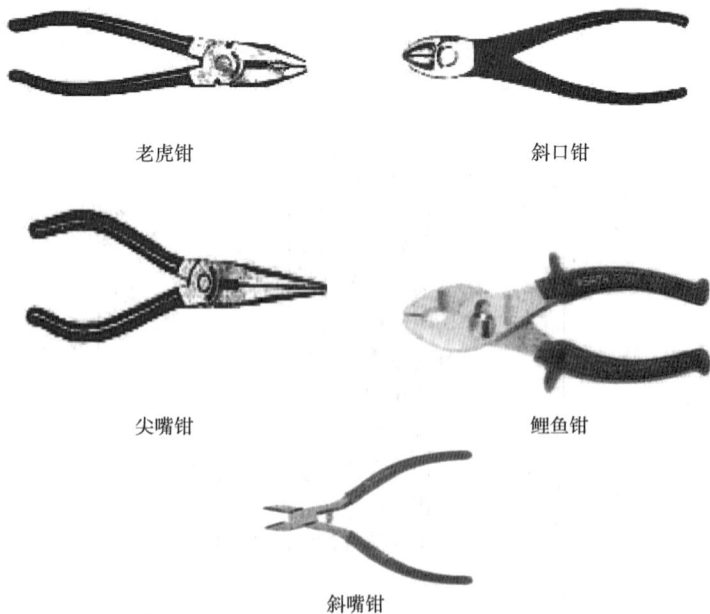

老虎钳　　　　　　　　　　斜口钳

尖嘴钳　　　　　　　　　　鲤鱼钳

斜嘴钳

图 2.2.1　用于夹紧和剪切的各种各样的钳子

1.用途
钳子用于弯曲小金属材料,夹持扁形或圆形小工件,切断金属丝等。

2. 钳子的使用方法

用手握住钳柄后端,使钳口开闭夹紧。使用鲤鱼钳夹持较大工件时,可以放大钳口。

3. 使用注意事项

（1）不可用钳子代替扳手来拧紧或拧松螺栓或螺母,以免损坏螺栓、螺母头部棱角。

（2）不可用钳子柄当撬棒使用,以免使之弯曲、折断或损坏。

（3）使用尖嘴钳时,不可用力太大,否则钳口头部会变形,轴会松动。

4. 卡簧钳(挡圈钳)

（1）分类:卡簧钳有轴用和孔用之分,如图 2.2.2 所示。轴用卡簧钳用来将卡簧胀开以便将卡簧从轴上拆下,而孔用卡簧钳则是将卡簧收缩来拆下卡簧,均有直嘴和弯嘴两种形式。

图 2.2.2　轴用和孔用卡簧钳

（2）用途:卡簧钳是用来拆卸和安装卡簧的。卡簧(或弹性挡圈)是装在轴或孔的卡簧槽里。

5. 多位钳

如图 2.2.3(a)所示为多位钳。它的手柄一般较长,通过调整其槽孔中的枢轴的位置,就可改变开口端的开口尺寸。

枢轴　　　　（a）　　　　　　　　　　　　　　（b）

图 2.2.3

（a）多位钳　（b）大力钳

用途:多位钳是用来夹持、弯曲和扭转工件的工具。使用时不能把它当成扳手使用,因为锯齿状钳爪会将螺栓或螺母的棱角损坏。

6. 大力钳

如图 2.2.3(b)所示为大力钳,它有双杠杆作用,能通过爪子给工件施加一个较大的夹紧力。钳爪的开口尺寸可通过手柄末端的滚花螺钉来调节。

7. 管钳

如图 2.2.4 所示,管钳用于扳动管状零件。管钳的头部可根据使用的情况作调整。管钳头部淬硬爪子的表面做成锯齿形以便抓紧管子。管钳使用时要当心,否则,锯齿会在管子表面划出痕迹或损坏管子表面。

图 2.2.4 管钳

(二)台式虎钳

如图 2.2.5 所示为台式虎钳。

(1)用途:台式虎钳用作夹持需要拆解或装配的部件,也可以用它来夹持需进行锯、锉、錾等加工的零件。

用虎钳夹持零件时为了避免零件的表面划伤或损坏,要将虎钳的钢爪用铜罩或其他软金属包覆,此时虎

图 2.2.5 台式虎钳的类型

钳爪子就称为柔性爪子。

(2)使用注意事项

• 不要使用存在隐患的虎钳。
• 应将工件夹在虎钳卡爪的中央,如图 2.2.6 所示。
• 不要敲击虎钳的卡爪和滑座。若卡爪损坏应及时更换,夹持物体时,要防止夹紧物滑动。
• 为了保护工件的表面,可以使用柔性卡爪。
• 卡爪夹紧工件时,要求两个夹紧面同时受力。

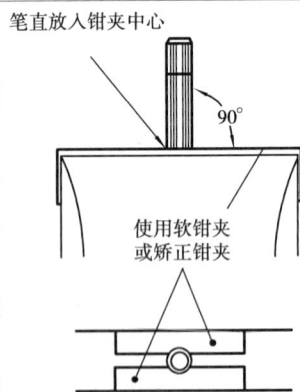

笔直放入钳夹中心

90°

使用软钳夹或矫正钳夹

图 2.2.6

⚠️ 注意

进行现场实作时一定要穿戴特制的防护服和鞋子。

(三)弓形夹(G 形夹)

如图 2.2.7(a)中所示为弓形夹,当需要将多个零件用于组装、钻孔或

焊接时,就可以使用弓形夹,把它们先固定在一起,这样可以保证两工件的位置正确。

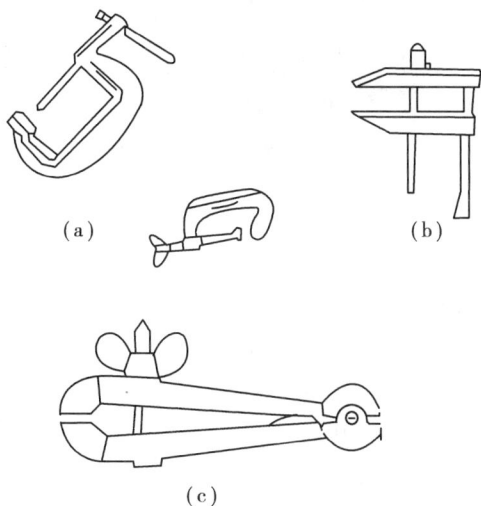

图 2.2.7　夹紧装置

(a)G 形夹　(b)钳工夹　(c)手虎钳

(四)钳工夹

如图 2.2.7(b)所示为钳工夹。

用途:钳工夹用来夹持小零件。钳工在划线或放样的过程中使用它将零件固定起来。

(五)手虎钳

如图 2.2.7(c)所示为手虎钳,这是一个小夹具。

用途:手虎钳用来固定小零件,它可以拿在手中,也可以夹在台式虎钳上,或者用于夹持薄形零件。该手虎钳钳口的最大开度约为 25 mm。

(六)针钳

如图 2.2.8 所示为针钳。

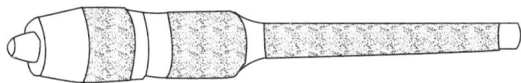

图 2.2.8　针钳

用途:针钳用于夹持钢针或直径很小的钻头。转动针钳的滚花端,爪子就能张开或闭合。

(七)钻头夹头

图 2.2.9 所示为两种型式的钻头夹头,一种为轻型钻头夹头,一种为重型钻头夹头。

用途: 夹头用于夹固钻头。

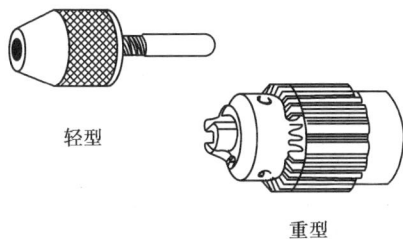

轻型

重型

图 2.2.9　钻头夹头

轻型夹头可以通过转动滚花套筒进行调节，而重型夹头则要求使用钥匙来拧紧或松开。夹头一般同钻床和车床一起使用。

（八）胀管器

图2.2.10所示为胀管器。

用途：胀管器用于制作管子的喇叭口。

图2.2.10 胀管器

胀管器的扩口处有很多孔，使用时将各种尺寸的管子穿入孔中，拧紧蝶形旋钮，然后将圆锥头向下拧入管子端头迫使它扩大或扩张。扩出的孔是锥口孔（沉头孔）便于同圆锥头相配合。

活动

一、任务

1. 使用卡簧钳在孔内或轴上安装、取下卡簧。

2. 对多位钳子的夹持端进行位置调整。

3. 使用大力钳夹持工件。

4. 使用虎钳夹紧工件。

5. 使用管钳拆卸管状螺纹。

6. 对弓形夹、钳工夹、手虎钳、针钳、钻头夹头进行使用练习。

7. 使用胀管器制作管子的喇叭口。

8. 到工具室认识各类固定和卡紧工具，并说明它们的用途。

二、目的

学会正确使用各种固定和卡紧类工具。

三、准备工作

1. 多位钳、大力钳、各类卡簧钳、弓形夹、钳工夹、手虎钳、针钳、钻头夹头。

2. 虎钳、各类硬质、软质工件。

3. 装有内、外卡簧的工件。

4. 胀管器、各类直径的金属管。

5. 各类固定和卡紧工具。

四、请回答下列问题，若有困难请向你的老师寻求帮助

1. 为什么不能用钳子代替扳手拧紧和拧松螺栓或螺母？

_____

2. 使用虎钳柔性卡爪的目的是什么？

_____

固定和卡紧类工具操作鉴定单

序号	鉴定内容	鉴定结果	
		符合要求	不符合要求
1	使用卡簧钳在孔内或轴上安装、取下卡簧。		
2	对多位钳子的夹持端进行位置调整。		
3	使用大力钳夹持工件。		
4	使用虎钳夹紧工件。		
5	使用管钳拆卸管状螺纹。		
6	对弓形夹、钳工夹、手虎钳、针钳、钻头夹头进行使用练习。		
7	使用胀管器制作管子的喇叭口。		
8	到工具室认识各类固定和卡紧工具,并说明它们的用途。		
学生姓名:		学号:	
教师签名:		日期:	

2.3 锤击和击打类工具的识别、选择和使用

学习目的

学完本节后,你应能做到:

识别、选择及正确安全地使用、保养锤击和击打类手动工具。

一、锤子(锒头、手锤)

(一)锤子的种类

锤子的种类如图2.3.1所示。

锤子主要用于敲击工件,使工件变形、位移、振动以及用于工件的校正、整形等。

1.圆头锤

这是职场中经常使用的工具。锤子的平头用来锤击冲头和錾子,圆头用于铆接和锤击垫片。

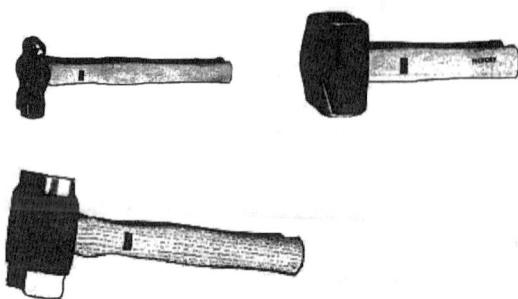

图 2.3.1　各种类型的锤子

2. 直锤和十字锤

这种锤子的头部为楔形,用于圆头锤不便接近的角落。

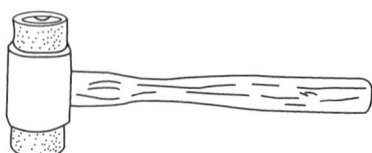

3. 大锤

大锤用于重型击打,在汽车维修中用得并不普遍。

4. 软头锤或软面锤

它主要用于击打不许留下痕迹或损坏的部位。当装配零件时,有时就需要使用软面锤。软面锤的头部是用橡胶、塑料做成,内部装有铅、黄铜或铜以增加惯性(图 2.3.2)。

(二)使用方法

1. 敲击时,右手握住锤柄后端约 10 mm 处,握力适度,眼睛注视工件。

图 2.3.2　软面锤

2. 挥锤方法有三种:手挥、肘挥、臂挥。

(三)使用注意事项

1. 手柄应安装牢固,用楔塞牢,防止锤头飞出伤人!如图 2.3.3 所示。

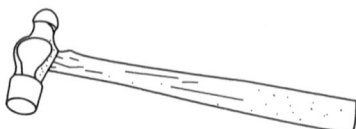

图 2.3.3　检查锤子手柄是否松动、裂开或断裂以及锤子的表面是否损坏

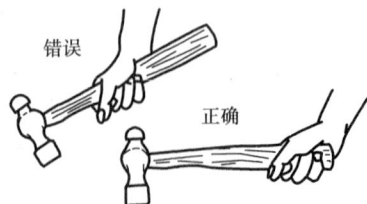

图 2.3.4

2. 使用外表已损坏了的锤子是很危险的,当击打时,锤上的金属可能会飞出来。

3. 两个锤子不能互相敲打,否则会造成金属剥落而飞出!

4. 拆卸零部件时,禁止直接锤击配合表面及易损部位,以防出现表面破坏或损坏。

5. 使用锤子时,应紧握手柄的末端,这样击打时更省力,如图 2.3.4 所示。

6. 应擦净手上及木柄上的汗或油污,以防锤子滑脱伤人损物。

7. 锤头应平整地击打在工件上,不得歪斜,防止破坏工件表面形状。

二、铜棒

1. 用途:用于敲击不允许直接锤击的工件表面,不得用力太大。

2. 使用方法:使用时一般和锤子共用,一手握住铜棒,将其一端置于工件表面,一手用锤锤击铜棒另一端。

三、冲子(冲头)

冲子的种类有中心冲、起动冲、销冲、针孔冲、方冲等多种形式,主要用来冲出(脱离)铆钉、销子等,也可用来标示钻孔的位置。如图 2.3.5 所示。

注意

冲子不能代替锤子或当撬棍使用。

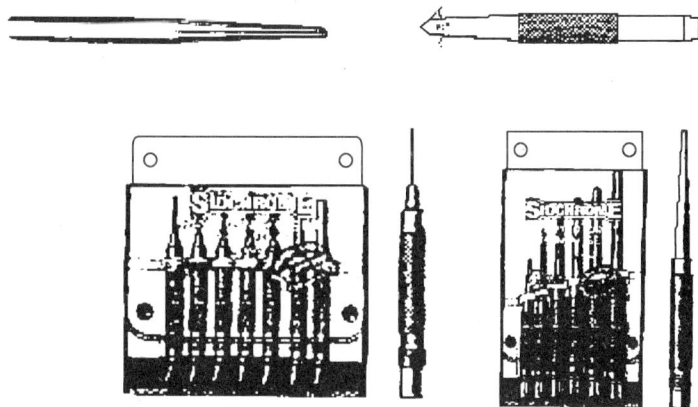

图 2.3.5　中心冲和各式各样的销冲

1. 中心冲

这种冲子用于标示要钻孔的位置及导向,也可用于零件拆卸前对其作标记,通过标示拆下的零件更便于重新安装。

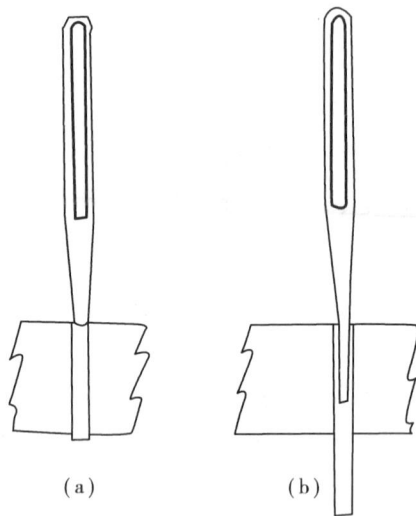

（a）　　　　　　（b）

图 2.3.6

（a）用起动冲松动销钉　（b）用销冲拆除销钉

2.起动冲

这种冲子头部呈锥形,它们用来松动销钉。起动冲子与销冲相比不易折弯。

3.销冲

这种冲子有各种不同的直径,可用来冲出铆钉或销钉,如图 2.3.6 所示。销冲的柄部呈 6 边形,也有呈圆形的。在维修厂里,常用销冲的直径范围为 3～12 mm。

4.针孔冲

这种冲子类似于中心冲,其头部更尖,用于切割划线或锉削作标记。

5.方头冲

这种冲子头部为 4 方形,柄部也为方形,在取断头螺栓时常使用它。其方法是先用电钻在断螺栓中钻孔,然后将方头冲打入,卡住螺纹内孔,最后用扳手慢慢将断头螺栓扭出。

活动

一、任务

1.使用圆头锤和软面锤锤打工件。

2.使用冲子取出螺孔中的断头螺栓。

二、目的

学会使用锤击和击打类工具。

三、准备工作

1.圆头锤和软面锤、工件。

2.冲子、螺孔中带断头螺栓的工件。

锤击和击打类手动工具的操作鉴定单

序号	鉴定内容	鉴定结果	
		正确	不正确
1	使用圆头锤和软面锤锤打工件。		
2	使用冲子取出螺孔中的断头螺栓。		
学生姓名:		学号:	
教师签名:		日期:	

2.4 切割和成形类工具的识别、选择和使用

学习目的

学完本节后,你应能做到:

识别、选择及正确安全的使用、保养切割和成形类手动工具。

切割与成形类工具主要包括钢锯、錾子、锉刀、钻头和铁皮剪等。

一、钢锯

钢锯如图2.4.1所示。钢锯是一种用于切割金属的特殊类型的锯子。它是由锯弓和锯条组成,锯条可以更换,锯弓可调节,以适应各种锯条的长度。不同锯条锯齿数和锯齿粗细各不相同,使用时要根据工件形状和锯削要求选择不同齿数和不同粗细的锯条,如图2.4.2所示为切割不同形状的工件所选用的锯条。

图2.4.1 钢锯

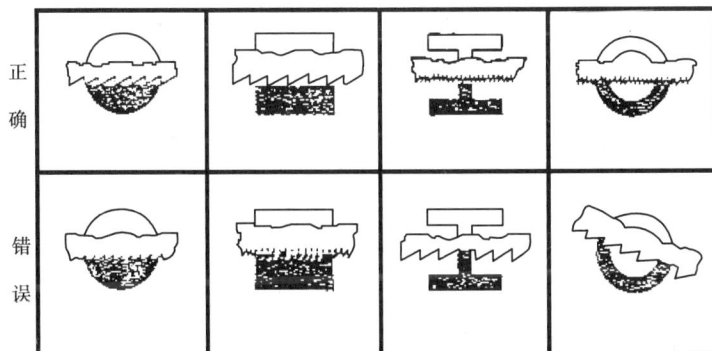

图2.4.2 切割不同形状的工件时锯条的选择

使用方法

1.当使用钢锯时,要采用感到舒适的姿态,否则会很快疲劳。同时要注意经常休息。

2.被锯削的工件装夹要平稳,如图2.4.3所示。

3.使用时应先从工件棱边倾斜锯割,然后再转向平面直线锯割,否则锯齿易被折断,如图2.4.3所示。

4.戴上护目镜,因为锯末可能到处飞溅。

83

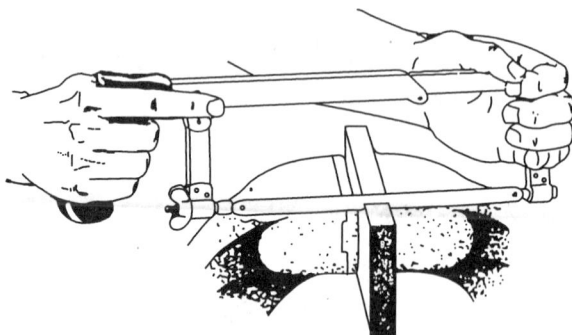

图 2.4.3

5. 锯削快完时,要减缓锯削速度,否则会弄断锯条,伤着你的手。

⚠ 注意

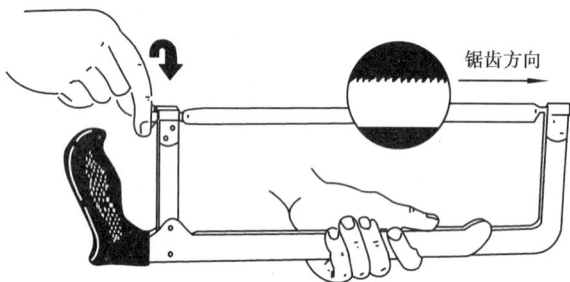

● 不要反向安装锯条,如图 2.4.4 所示。

锯齿方向

图 2.4.4

● 只要几下敲打,锯条就会损坏。

6. 对于锯削表面要求高的,选用每英寸 32 个齿的锯条,要求低的可以选用每英寸 24 个或 18 个齿的锯条。

7. 对锯削面大的,应选用粗齿锯条,锯削面小的,应选用细齿锯条,如图 2.4.2 所示。

8. 锯条的预紧可紧可松,紧的锯条容易断裂,但它锯削的准确度较高,寿命也较长(经验丰富的人一般使用紧的锯条)。松的锯条即使在恶劣的工况下也不容易断裂。

9. 经过锯削冲击之后,要对锯条重新预紧!

10. 锯削工件一般以每分钟约 60 次为宜。锯削时要尽可能使用整个锯条。在向前推锯弓时,要平稳地移动钢锯并均匀用力。在回程时轻轻地抬起锯弓以避免磨损锯齿背部。在锯切时,不要扭曲或弯折锯条,这样会导致锯条折断。

二、开孔器

开孔器如图 2.4.5 所示。它可用来在**钢板或**其他薄截面材料上开孔。开孔器前端有一个中心钻头,在开孔时它起导向、固定作用。

三、錾子

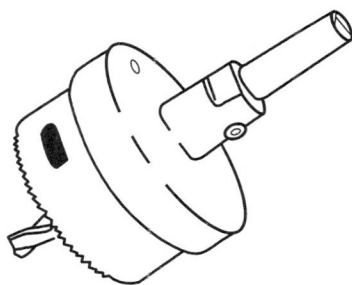

图 2.4.5　开孔器

(一)錾子形状

錾子有不同的形状,如图 2.4.6 所示。其中平头錾子(包括宽錾、窄錾)是用得最多的,而油槽錾用于特殊场合,如在角落里或其他不便接近的地方开槽和修平。

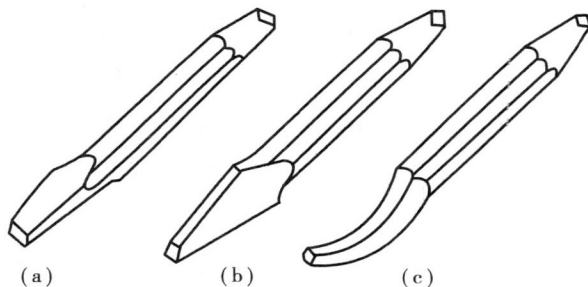

图 2.4.6　錾子
(a)宽錾　(b)窄錾　(c)油槽錾

还有一种空心錾子(或叫填装錾子),这种錾子主要用来在垫片或薄金属(如铜皮或钢皮)板上开孔。使用时,应把待錾的对象放在木板或铅块上,再用一个锤头快速锤击。填装錾子有多种规格,可开各种直径的孔,如图 2.4.7 所示。

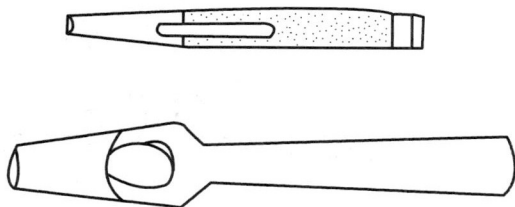

图 2.4.7　填装錾子

(二)使用方法

1. 錾子通常是用左手抓持,与工件表面成约 30° 的角度。使用时不要将錾子握得太紧,这样有助于锤击后錾子回弹。使用过程中,眼睛要看清錾凿的位置,同时用余光看准錾子头,锤子对准錾子头平稳地进行锤击,如图 2.4.8 所示。

2. 平头錾子可用来切断铆钉头或锈蚀了的螺栓头,其方法是手持錾子,并以一个适当的角度对准铆钉头或螺栓头的下部进行錾切。

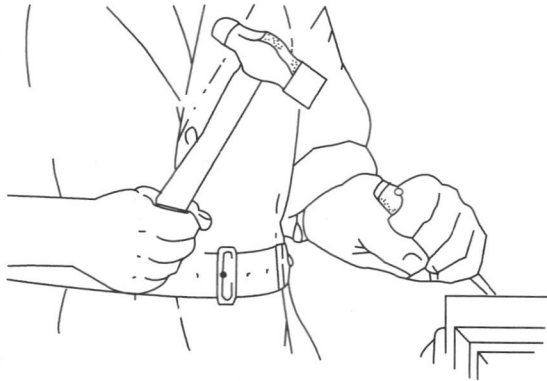

图 2.4.8

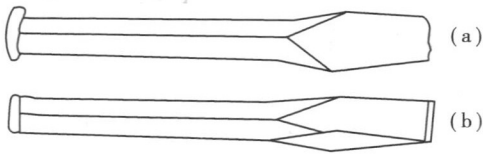

图 2.4.9　錾子

（a）需要磨削的錾子　（b）磨削后的錾子

3. 要錾切厚度约 4 mm 的薄钢板，可将其垂直地夹紧在虎钳的钳口里，錾子握持角度与水平面成 30°。切口要紧贴钳口，并且与工件表面成 45°，錾切要从工件的边缘开始，錾子应沿着虎钳爪子的方向运动，不断地切削金属。

（三）维护

当錾子头部被锤打成蘑菇状时，应该及时用砂轮进行修磨，以去掉翻卷的金属和毛刺，如图 2.4.9 所示。在用砂轮进行修磨时要注意防止铁屑飞溅伤人。

四、锉刀

锉刀是有着大量切削齿的切削工具。如图 2.4.10 所示，锉刀的锉纹有不同类型。

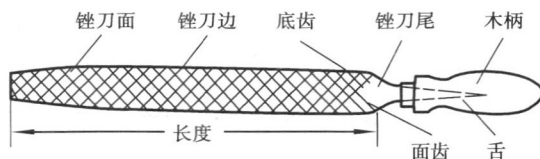

图 2.4.10　注明各个部分名称的典型锉刀

"锉纹"是指在锉刀表面加工出的切纹，这些切纹构成了锉齿。

根据锉纹间距的大小可分为粗纹锉（钝锉）和细纹锉两种，锉纹间距较大的为粗纹锉，间距较小的为细纹锉。

根据锉纹的多少又可分为单纹锉和双纹锉两种，如图 2.4.11 所示。

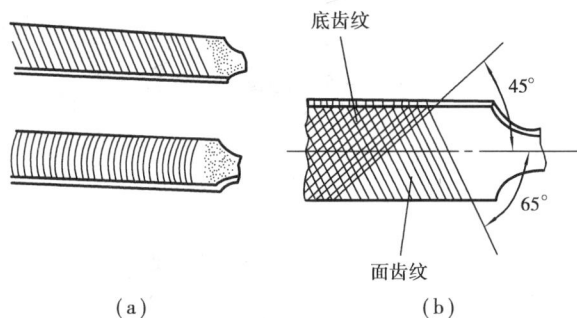

图 2.4.11
（a）单纹锉刀　（b）双纹锉刀

锉齿越粗,锉刀每一行程锉下的金属就越多。锉刀的断面有多种形式,它适用于不同切面的金属表面加工,如图 2.4.12 所示,常见的有平锉、三角锉、方型锉、半圆锉和圆锉。

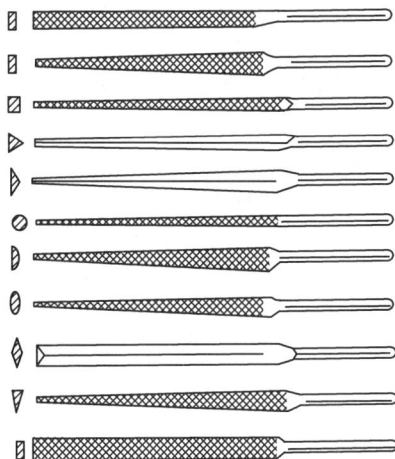

图 2.4.12　锉刀锉纹

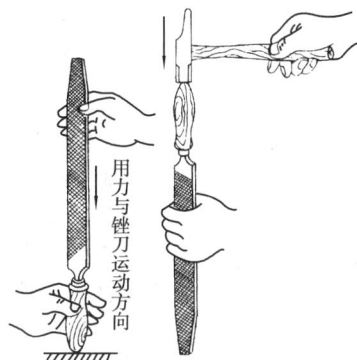

图 2.4.13　在工作台上轻轻敲击将锉刀紧紧装上手柄

锉刀的柄脚安装有手柄,如图 2.4.13 所示,手柄通常是木制的。

1. 锉刀的选择

锉刀的断面形状应根据被锉削工件的形状来选择,两者的形状应当一致,如图 2.4.14 所示。

2. 锉刀的使用

（1）大齿锉用作粗加工。它们能快速地锉去金属,但是在金属表面留下了粗大的锉痕,这些痕迹须再用细齿锉锉掉。

（2）被锉的工件必须固紧,小的工件可以固定在虎钳上,虎钳应该使用软钳口,以保护工件免于受损。

（3）锉刀还有两种使用方法:横锉和刮锉。

1）横锉:横锉时,向前（切削）的行程应该平稳,两只手要端平锉刀并均匀用力。

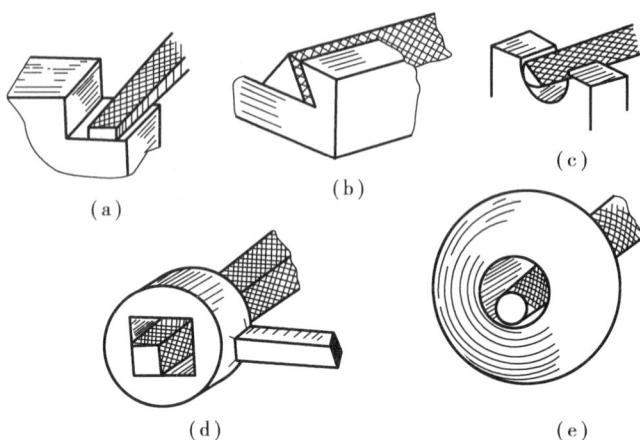

图 2.4.14　不同加工表面用的锉刀

（a）扁锉　（b）三角锉　（c）半圆锉　（d）方锉　（e）圆锉

在锉刀返回时,应该减小加在锉刀上的压力,让锉刀在工件上轻松滑动。

2）刮锉:刮锉是一种精加工。刮锉时,锉刀要平放在工件上,横向拖拉,回程时不要抬起锉刀。

3. 锉刀维护

锉刀使用完后,需用钢丝刷清理锉齿。钢丝刷是一种装有短钢丝的特殊刷子(图2.4.15)。

图 2.4.15　用于锉刀的钢丝刷

图 2.4.16　铁皮剪

五、铁皮剪

铁皮剪如图2.4.16所示,它用来切割金属板材或其他的薄料。

六、断线钳

断线钳用于切断小螺栓和金属杆(图2.4.17)。

图 2.4.17　断线钳

图 2.4.18　切管器

七、切管器

如图 2.4.18 所示,切管器是用来切断管状物,如燃油管。使用时把切管器固定在要被切割的管子上,然后让切管器围绕着管子旋转,并逐渐地旋紧切割刀片,一直到切断管子为止。

八、切边刀

如图 2.4.19 所示,切边刀用于切割边角余料。如对衬垫材料和密封材料进行修边,切边刀的刀片可以更换。

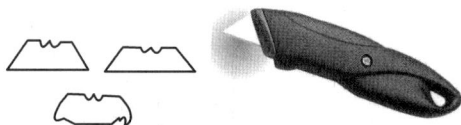

图 2.4.19　切边刀

活动

一、任务

1. 使用一把钢锯和若干锯条,在教师的指导下锯割直径为 50 mm 以上的钢管,要求正确选用锯条完成切割且切口应平直不能有台阶。

2. 使用錾子錾切一厚度为 4 mm 的薄钢板,要求切口平整成一条直线。

3. 使用锉刀锉削金属块表面,要求锉削的金属块表面光滑平整,使用直角尺进行检测,直角尺不透光,表面无明显锉纹。

4. 到工具室认识各类切割和成形工具,并说明它们的用途。

二、目的

　学会正确使用切割和成形类工具。

三、准备工作

1. 一根直径不少于 50 mm 的排气管或钢管;

2. 钢锯架、各种尺寸的锯条、一个直角尺;

3. 各类錾子、锤子、锉刀;

4. 厚度约为 4 mm 的薄钢板;

5. 各类切割和成形工具。

四、请回答下列问题,若有困难请向老师寻求帮助

1. 拉锯时,为什么说采用一种舒适的姿势是很重要的?

_____

2. 预紧力大的锯条容易断裂还是预紧力小的容易断裂?

_____

3. 当工件快锯完时,为什么减慢速度?

_____

4. 如果锯削表面要求较高,应选用多少锯齿的锯条?

_____

切割和成形类手动工具的操作鉴定单

序号	鉴定内容	鉴定结果	
		符合要求	不符合要求
1	使用钢锯切割管子。		
2	使用錾子錾切一厚度为 4 mm 的薄钢板。		
3	使用锉刀锉削金属块表面。		
4	认识、识别各类切割和成形工具。		
学生姓名：		学号：	
教师签名：		日期：	

2.5 钻孔和铰孔类工具的识别、选择和使用

学习目的

学完本节后，你应能做到：

识别、选择及正确安全的使用、保养钻孔和铰孔类手动工具。

钻孔用的工具是钻头，铰孔用的工具是绞刀。钻头装在手摇钻、轻便电钻或台钻上使用，最常见的钻头是麻花钻头。铰刀可用来对已经钻过的孔作精加工，使其符合尺寸要求。

一、麻花钻

麻花钻钻头结构

麻花钻头，共有 3 个主要部分（图 2.5.1），即刀尖、钻身和钻柄。

1. 刀尖为锥形表面，它必须磨到正确的角度，这样的钻头在切削时才轻便。

2. 钻身有两个排屑槽，它围绕着钻身呈螺旋状。排屑槽为被钻金属的切屑提供了一个卷缩和排出的通道，它还便于润滑油流动到切削刃。

3. 钻头柄部呈圆柱形或锥形，如图 2.5.2 所示便于固定在夹头中。

二、中心钻

它是一种组合钻头，可以同时钻定位孔和锥孔。

（a）

（b）

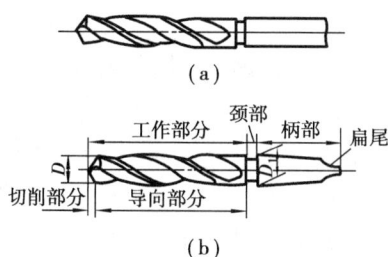

图 2.5.1　麻花钻头的组成部分

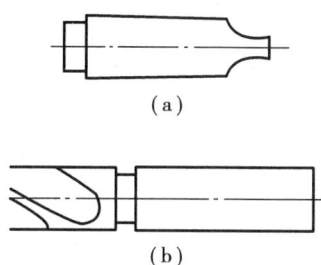

（a）

（b）

图 2.5.2　钻头钻柄
（a）锥柄　（b）直柄

三、沉头钻

沉头钻用于加工锥孔,以便安装沉头螺钉或铆钉,如图2.5.3所示。

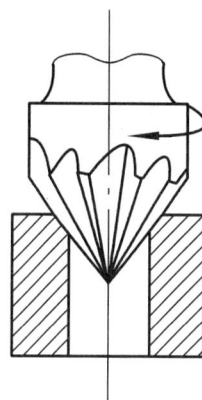

四、钻头的两个角度

1. 切削角:它是切削刃或刃口的角度[图2.5.4（a）]。一般情况下,切削刃同钻头轴线的夹角应为60°或者两刃之间的夹角为120°。

2. 后角[图2.5.4（b）]。

图 2.5.3　沉头钻头

（a）

（b）

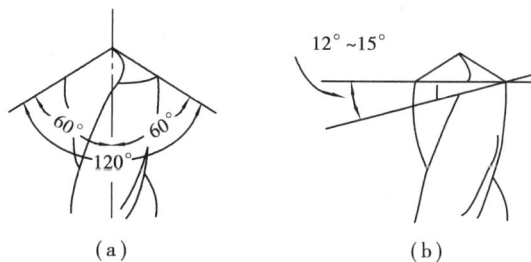

图 2.5.4　钻头角度
（a）切削角　（b）后角

后角一般为12°~15°。若此角太大,钻头的强度会降低,刀刃将容易碎裂。

五、钻头的磨削方法

1. 对于尺寸较小的钻头来说,应该用双手的大拇指和两个指头轻轻地握住钻头。一只手握住钻头的柄部,另一只手朝着其刀尖的方向支撑着钻身。

2. 钻头保持水平,让刀尖朝着砂轮的正面,让钻头的轴线同砂轮的中心线成 60°的角度。

3. 将其中一个刀刃与砂轮表面平行,用手转动钻头直到该刀刃处于水平位置,该位置即为磨削开始点。

4. 磨削钻头时,必须不停地转动钻头,每次转动大约 1/4 圈,以便在钻头头部形成球面,与此同时要保持钻头与砂轮表面成 60°的角度。

5. 磨削头部过程中要降低钻头的柄部位置,从而得到 12° ~ 15° 的后角。

6. 按照上述要求对钻头其中一侧刀刃磨削 2 次或 3 次,然后将钻头旋转 180°,再用同样方法磨削钻头另一侧刀刃。

⚠ 注意

> • 磨削时要随时检查切削角和后角的角度是否正确,同时,还要检查切削刃的长度是否两侧一致。
> • 磨刀刃处应沾水冷却,避免刀刃退火。

六、钻头钻速的选择

钻头的转速可用"r/min(每分钟转数)"来表示。钻头的圆周速度可用"m/min(每分钟米数)"来表示。

职场中,主要使用的是轻便电钻和小型台钻,钻速选择的一般原则是:金属越硬,转速越低;钻头直径越小,转速越高。在实际钻削过程中,先给钻头选择一个适度的转速,再对钻削的情况作检查,根据检查情况,可考虑将转速提高或降低。

七、钻头进给率的选择

钻头进给率就是每一转钻头钻进工件的距离。钻头进给率取决于钻头的尺寸和被加工材料的类型。

小型钻床和轻便钻,采用手动进给,进给量与操作人员所用的力有关,操作人员要按钻头的尺寸和钻削的情况来加力或减力。

八、钻削时的润滑

钻头在钻削工件时需要使用润滑液,润滑液能防止钻头磨损和过热变软,并有助于提高加工表面的光洁度。下表列出了常见材料所应选择的润滑液。

常见材料所应选择的润滑液

金 属	润滑液
铸铁	（无需润滑）
黄铜和磷青铜	（无需润滑）
低碳钢	水溶性油
高碳钢	水溶性油
铜	煤油
铝	水溶性油、煤油

⚠ **注意**

低碳钢钻孔一般不使用润滑液。

九、钻孔

1. 一般类型孔的钻削步骤

（1）使用划线针划线确定孔中心的位置。

（2）使用中心冲冲出中心。

（3）将钻头的刀尖对准冲出的中心开始钻削。

（4）直径为 10 ~ 12 mm 以上的孔要分两次钻，第一次用直径 6 ~ 8 mm 钻头，第二次才用所需钻孔直径钻头。

（5）如钻孔后需要攻丝，应根据螺纹直径选取略小一点的钻头，其尺寸掌握一般为 0.20 mm 或 0.20 mm 以上。

2. 大孔的钻削步骤

（1）先划线确定中心，然后用中心冲冲出中心。

（2）用两脚规(分规)划出钻孔尺寸，并围绕所划圆圈轻轻地冲出几个小点，如图 2.5.5 所示。

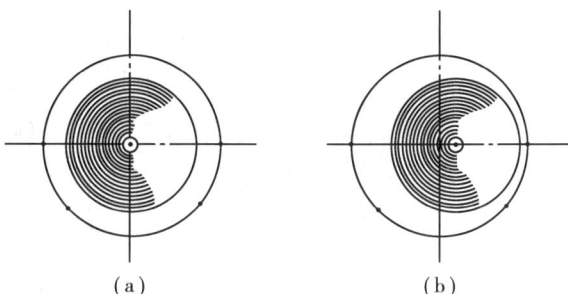

（a）　　　　　　（b）

图 2.5.5

（a）在正确位置钻孔　（b）钻头偏离了中心

（3）使用圆鼻錾子定出中心。

为了使大钻头容易钻孔,亦可先用小钻头钻一个导向孔,再进行钻削。

十、铰刀

铰刀有若干个刀刃,可用手动丝锥铰手来转动,铰刀用于铰孔,对孔进行精加工,使孔的尺寸更为精确。铰刀主要类型有圆柱铰刀、圆锥铰刀和扩张式铰刀3种类型(图2.5.6和图2.5.7)。

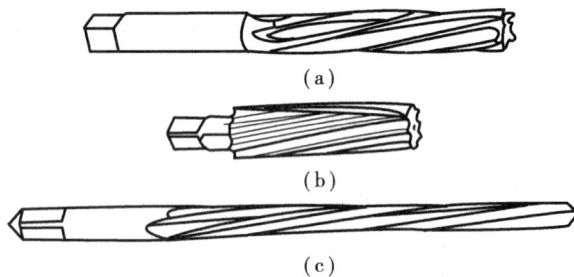

图2.5.6　手持式铰刀
(a)圆柱铰刀　(b)莫氏锥度铰刀　(c)锥形销孔铰刀

1.圆柱铰刀
圆柱铰刀有固定尺寸[图2.5.6(a)]。

在钻出孔后,将铰刀放入孔内平稳地转动,使其穿透该孔并切削少量的金属。这样该孔的表面会更光滑,尺寸更精确。每把铰刀都是按特定尺寸制造的,一次铰削工序就是对该孔作一次精加工。

2.圆锥铰刀
圆锥铰刀如图2.5.6(b),(c)所示,它用来铰锥孔,以安装圆锥销或其他锥形零件。图2.5.6(b)用来精加工莫氏锥度孔,图2.5.6(c)用来铰锥形销孔。

3.扩张式铰刀
扩张式铰刀(图2.5.7)有若干个直切削刃,根据需要可以调节铰刀尺寸。
它用于铰长孔或同心孔,如汽车的活塞销孔。

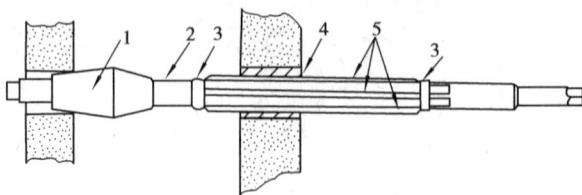

图2.5.7　扩张式铰刀和导向装置
1—套筒　2—导向杆　3—调节螺母　4—被铰的衬套　5—刀刃

活动

一、任务

1. 钻头刃磨,要求钻头刃磨的角度准确,并使用量角器或角规进行检测。

2. 在一个圆盘型的铸铁零件指定位置上钻孔,要求钻孔位置准确。

二、目的

学会使用钻孔或铰孔类工具。

三、准备工作

1. 钝的或破损了的麻花钻、已固定好的砂轮机、新钻头。

2. 安全防护眼镜。

3. 工具台及量角器或角规。

四、请回答下列问题,若有困难请向老师寻求帮助

1. 钻头磨刀刃处时为什么要沾水冷却?

_____

2. 怎样钻大孔?

_____

_____

_____

3. 如果钻头顶部在磨削过程中温度太高怎么办?

_____

钻孔和铰孔类手动工具的操作鉴定单

序号	鉴定内容	鉴定结果	
		符合要求	不符合要求
1	刃磨钻头使其达到要求的角度。		
2	使用钻头在一个圆盘型的铸铁零件上钻孔。		
学生姓名:		学号:	
教师签名:		日期:	

2.6 攻丝类工具的识别、选择和使用

 学习目的

学完本节后,你应能做到:

识别、选择及正确安全地使用、保养攻丝类手动工具。

攻丝用工具主要包括:

- 丝锥
- 板牙

丝锥和板牙都是用来加工螺纹的,丝锥用作加工内螺纹,板牙用作加工外螺纹,这类工具有手动和机用两种。手动丝锥和板牙用于小型工件的加工,有时也用于对零部件做小的改动,或者用于修复损坏的螺纹。如图2.6.1所示是一套攻丝工具。

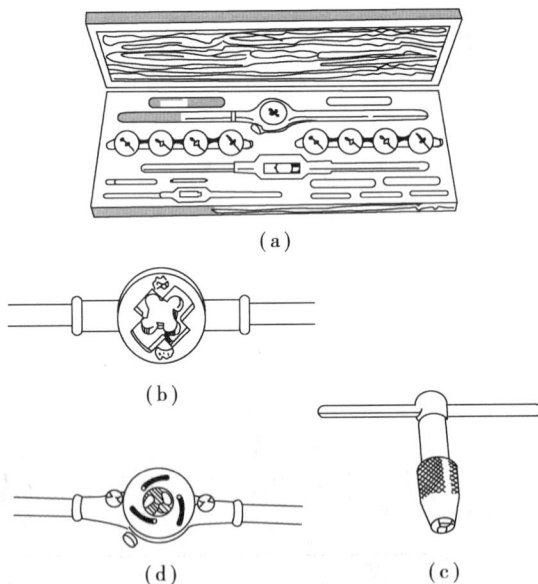

(a)

(b)

(d)   (c)

图2.6.1　板牙座和板牙
（a)一套板牙和丝锥　（b)板牙座和板牙
（c)T形丝锥铰手　（d)有可调导向件的板牙

一、丝锥

丝锥柄上的方头用作与铰手配合。丝锥铰手可调节,它能紧紧贴住丝锥方头并牢牢地将丝锥夹住。

（一)丝锥种类

一套丝锥包括头锥(头攻)、二锥(二攻)和三锥(三攻)3 种丝锥,有的只有头锥、二锥两种,如图2.6.2 所示。

1. 头锥的头部呈锥形(大约有 6 个螺纹),以方便丝锥在孔中起动。这种丝锥用于横截面较薄的工件(丝锥可以穿透工件,攻出一个完整的螺纹)。

2. 二锥与头锥相比锥度稍小些,在攻"盲"孔螺纹时应用二锥,以便于在接近孔底处切削出一个完整的螺纹。

3. 三锥没有锥度,它用作对螺纹进行精加工。

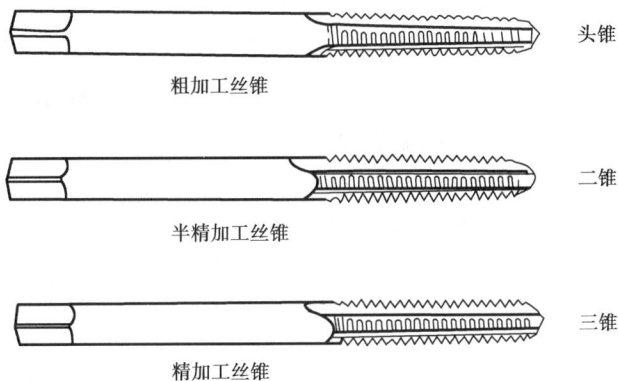

粗加工丝锥　头锥

半精加工丝锥　二锥

精加工丝锥　三锥

图 2.6.2　手用丝锥

(二)丝锥的使用

1. 正确的选择头攻丝锥后,套上丝锥铰手。

2. 给丝锥的螺纹涂上油。

3. 把丝锥头放进孔中并向下均匀用力转动,一直到螺纹开始切削为止,此后不要向下用力,只需转动铰手即可,如图2.6.3(a)所示。

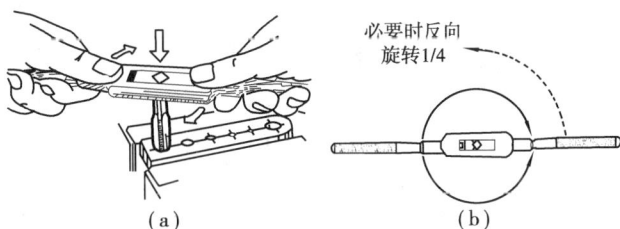

必要时反向旋转1/4

(a)　(b)

图 2.6.3

(a)攻丝时,不要向下施加压力　(b)反向旋转,清除切屑

4. 使用直角尺在相隔90°的两个地方作检查,丝锥是否垂直地插进孔中。

5. 开始切削螺纹,切削过程中要不时地反向转动丝锥来切断切屑,防止螺纹被切屑划伤,同时也可防止丝锥被卡住而折断。

6. 为保证加工的螺纹光洁,在使用丝锥的过程中要不断地润滑丝锥。针对软金属如铝件攻螺纹时,或丝锥在攻丝过程中转动困难时,要把丝锥从孔中退出来清扫排屑槽,以防止切屑将丝锥卡住。丝锥相当脆,如果用力过度就可能折断,如图 2.6.3(b)所示。

⚠ (三)使用注意事项

1. 不可以用钳子代替丝锥铰手工作,以免用力不均匀产生歪斜,对于空间狭小的孔位,用相适应的扳手夹持丝锥进行操作。

2. 丝锥铰手的选用,应按丝锥头部的尺寸合理选择。

3. 丝锥的选用一定要符合要求,丝锥使用时要注意区别头锥、二锥。

二、螺纹底孔尺寸

攻一个螺纹所要钻孔的尺寸被称作螺纹底孔尺寸。

螺纹底孔尺寸可通过底孔尺寸表查取,职场中寻找合适钻头的快捷方法是使用一个螺母选择一个不能完全通过这个螺母的钻头,该钻头钻出的孔的尺寸就为螺纹底孔尺寸。

三、板牙和板牙座

板牙的主要作用是加工外螺纹,它通常固定在带手柄的板牙座中,以便转动板牙。板牙有排屑槽,这些排屑槽构成了有齿的刀刃并让切屑通过槽排出。

板牙前侧的头三道螺纹是用作导向,后面的螺纹才起切削作用。

1. 板牙的类型

板牙有固定式和可调式两种。可调式板牙如图 2.6.4 所示。

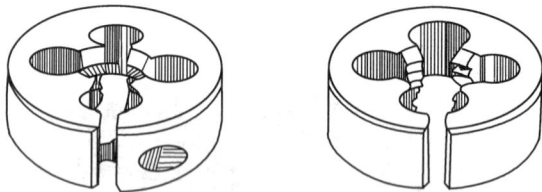

图 2.6.4 可调板牙

2. 加工外螺纹的操作步骤

(1)将轴端磨成或锉成一个锥度以方便板牙起动。

(2)把板牙装到板牙座中,有字的一面向上,然后将它放在轴端上。如果导向装置是可调的,就要将它调至与轴尺寸相符。

(3)转动板牙座同时向下施加一个恒定的压力并开始攻螺纹。一旦切削出了两个或三个螺纹,板牙就可顺势向下攻螺纹。

(4)攻螺纹的过程中要不断地对板牙进行润滑。

(5)攻丝过程中,板牙每转一圈需反转约 1/4 圈以便折断切屑,使攻丝比较轻松,同时也可避免螺纹被切屑划伤。

四、折断螺栓的清除

在职场中经常会出现螺栓折断在螺纹槽中的情况,这就需要将折断螺栓从螺纹槽中清除出来。如果螺栓较松,清除并不困难,但如果螺栓很紧,折断的螺栓就会卡紧在孔中很难旋出。取出折断螺栓的方法如下:

1. 如果折断螺栓有一部分露出表面,就可用夹钳来转动它,或者把它两侧锉平后,用扳手来转动它。还可以用钢锯横跨其顶部锯一个槽后,使用螺丝刀将它取出。

2. 如果折断螺栓的断裂处与表面齐平,而且螺栓又相当大,可用錾子在其侧面开一个口,并试着使它转动。在敲击时先敲一侧,然后再敲另一侧,直到螺栓松动为止。

3. 如果螺栓的断口在螺栓槽下面,就可使用螺栓取出器,如图2.6.5(a)所示。使用螺栓取出器的第一步是用中心冲在断螺钉的头上冲一个孔,然后钻出一个小孔,此孔必须尽可能地接近螺栓的中心。

取出器是锥形,带有左旋排屑槽,当取出器旋进折断的螺栓中,排屑槽上锐利刀刃就咬入螺栓,在取出器的带动下,将断螺栓从螺纹孔中取出。

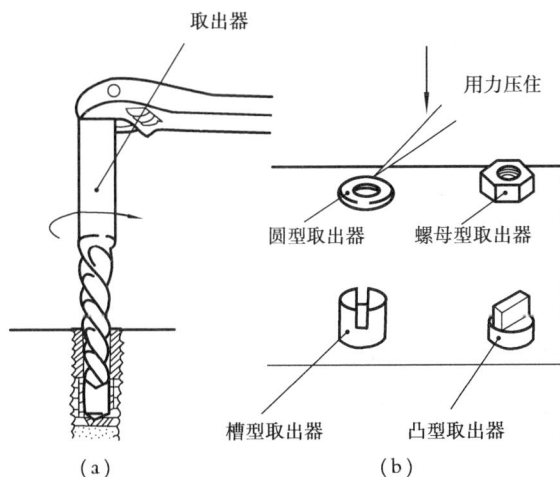

图2.6.5 拆除一根折断的螺栓
(a)使用取出器 (b)其他取出器

如图2.6.5(b)所示是其他形式的取出器,它们适用于折断螺栓的头部露出螺纹孔的场合。选用这些取出器中任一种,使用焊接方法,将其固定在折断螺栓头部,然后使用手动工具就可将螺栓取出。

活动 1

一、任务

1. 使用丝锥在不同厚度的钢板上攻丝。

2. 外螺纹加工:给定一个螺母,一根直径车削到位的钢条(大约 150 mm),要求使用板牙在这根圆棒上加工出至少长 30 mm 的螺纹。

要求:加工的螺纹无缺陷,并能够和螺母进行正确的配合。

二、目的

学会使用攻丝类工具进行内、外螺纹加工。

三、准备工作

1. 一套丝锥、一套攻丝工具(一个板牙)、板牙手柄、锉刀。

2. 不同厚度的钢板。

3. 不同尺寸的钻头及钻床。

4. 一根直径车削到位的钢条(大约 150 mm)。

四、请回答下列问题,若有困难请向老师寻求帮助

1. 在攻丝的时候,使用润滑剂的目的是什么?

_____

2. 为什么丝锥要经常反向旋转?

_____

_____

3. 在攻丝过程中,如果使劲往下按丝锥,对丝锥有什么影响?

_____

活动 2

一、任务

清除折断的螺栓:

一个至少有 10 mm 折断在工件里的断头螺栓,其断头与工件表面相平或低于工件表面,使用一套清除设备,清除断头螺栓,并不能损害螺纹。

使用方法:

(1)使用螺栓取出器清除断头螺栓。

(2)使用钻头将折断螺栓钻削后,再用丝锥进行清理。

二、目的

学会使用攻丝类工具清除折断的螺栓。

三、准备工作

1. 一个折断在工件里的断头螺栓。

2. 螺栓清除设备。

3. 中心冲孔工具、钻头。

四、请回答下列问题,若有困难请向老师寻求帮助

1. 当螺栓断头高于工件表面时采用何种工具取出?

_____

_____

2. 在什么情况下使用取出器?

_____

_____

_____

攻丝类手动工具的操作鉴定单

序号	鉴定内容	鉴定结果	
		符合要求	不符合要求
1	使用丝锥在不同厚度的钢板上攻丝。		
2	使用板牙进行外螺纹加工。		
3	使用螺栓取出器清除断头螺栓。		
4	使用钻头将折断螺栓钻削后,再用丝锥进行清理。		
学生姓名:		学号:	
教师签名:		日期:	

2.7　磨削和研磨、推拉、专用维修类工具的识别、选择和使用

学习目的

学完本节后,你应能做到:

识别、选择及正确安全的使用、保养磨削和研磨、推拉、专用维修类手动工具。

101

磨削和研磨所用的工具为砂轮,使用砂轮可磨削钻头、冲头和錾子等工具。

一、砂轮

(一)砂轮种类

砂轮制成各式各样的形状和尺寸,如图 2.7.1 所示。(a)为平面砂轮,它是在台式砂轮机和磨床上使用,磨削部位在砂轮的正面(或棱边)完成。(b)为锥形砂轮用于特殊情况。(c)和(d)为凹形砂轮,它的磨削面在砂轮内侧及碗口面。

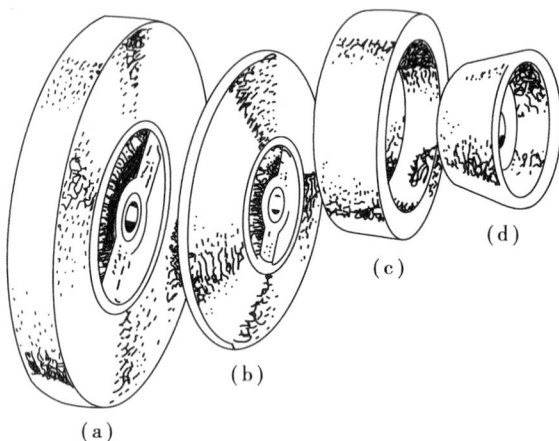

图 2.7.1 砂轮的形状
(a)平的 (b)倾斜的(锥面的) (c)、(d)成凹形的

砂轮通常分为软面砂轮和硬面砂轮,如图 2.7.2 所示。

软砂轮比硬砂轮磨损大,软砂轮不易被软金属粘附,而硬砂轮会因软的金属粘附,使表面变光滑而失去磨削能力。

(二)更换砂轮

当要在砂轮机上装一个新砂轮时,应使用与旧砂轮标记(牌号)相同的砂轮。

安装之前,要检查砂轮是否有破损和固定是否牢靠。

安装之后,砂轮应在最高转速下至少试运转 5 分钟,试运转时,在危险区域应设防护罩。

(三)修整砂轮

砂轮使用一段时间后,表面会出现不平整,需要采用砂轮修整器来修整砂轮,如图 2.7.3 所示。

(四)磨石(油石)

磨石是另外一种形式的砂轮,如图 2.7.4 所示,它用于局部修磨工件。

常见的磨石类型如下:

1. 组合磨石

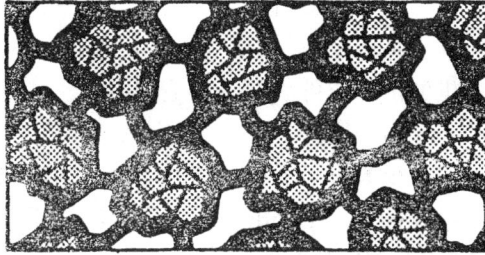

(a)

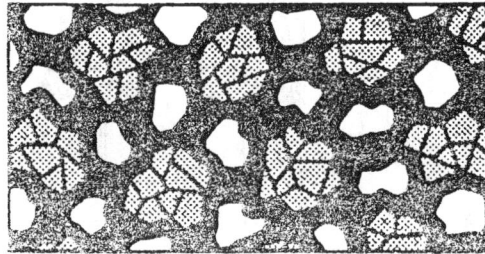

(b)

图 2.7.2　砂轮的构造

（a）软面砂轮　　（b）硬面砂轮

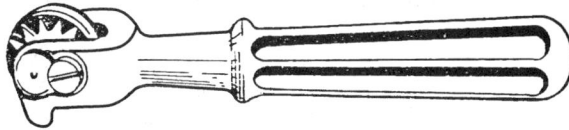

图 2.7.3　砂轮用的修整工具

常见的组合磨石，一面是很细的磨粒，而另一面是较粗的磨粒〔图 2.7.4(a)〕。粗磨粒的那一面用来磨削钝工具，而细磨粒的那一面用作修整和刃磨工具。

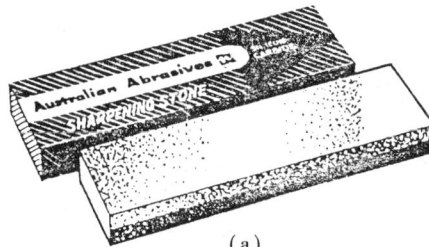

(a)

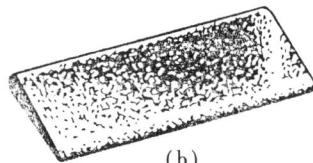

(b)

图 2.7.4　磨石

（a）组合磨石　　（b）片状磨石

103

2.片状磨石

片状磨石[图2.7.4(b)]是锥形的,通常一边是倒圆状,它用于打磨已机加工的零件表面的小毛刺。

3.小磨头

小磨头呈各种各样的形状。它们被固定在一根小小的心轴上,心轴可以装在手持电钻的夹头上(图2.7.5)。它们可用来打磨毛刺和零件锈蚀部分,以提高其表面光洁度。

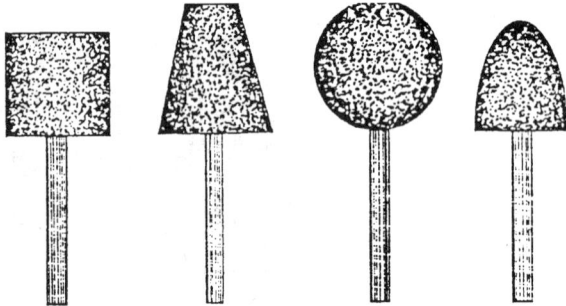

图2.7.5　小磨头

4.研磨盘

如图2.7.6所示为研磨盘和研磨片,它们用于超精加工零件表面。

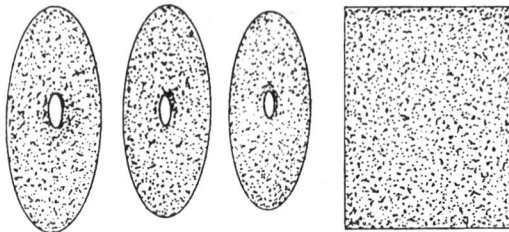

图2.7.6　研磨盘和研磨片

二、推拉用的工具

常用的推拉工具为拉拔器和压床。

职场中有很多零件,如轴承或有些齿轮都是需要与轴进行紧配合,若要拆下或安装它们就需要对其轴向加力。拉拔器和压床就是用于拆卸或装配紧配合零件的。

(一)拉拔器

如图2.7.7所示为3种不同结构的拉拔器。

(二)压床(压力机)

压床主要用于拆卸或装配零部件,使用较多的是液压式压床,如图2.7.8所示。使用压床把轴承从轴上拆下或装配上时,轴承需正确地放置在压床座上,然后再用压床的压头给轴端加力,这样就可将轴承从轴上压

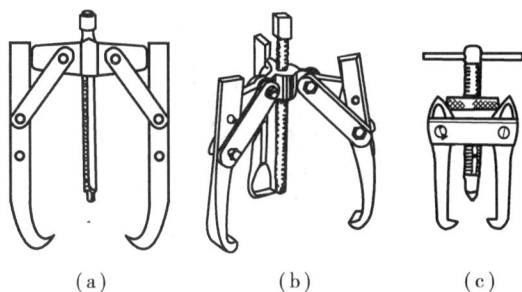

图 2.7.7　3 种结构的拉拔器

出或装上。

压床上有一个能升降的底座，以满足不同尺寸的零件使用。

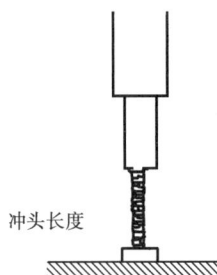

图 2.7.8　液压压床　　　　　图 2.7.9　适当的冲头长度

⚠ （三）使用时注意事项

1．为了防止压床失稳，压床必须紧紧安装在地面巨大的基座上。

2．为了安全，要戴上护目镜或是脸部护罩。

3．为了防止被压件飞溅，要在压床周围围上保护体或遮护板！

4．为了防止定线不准，尽可能地使冲头的长度短一些，以防出现不同轴的情况而压飞，如图 2.7.9 所示。

5．为了防止工件侧面弯曲，要把工件竖直并牢固的夹紧，如图 2.7.10 所示。

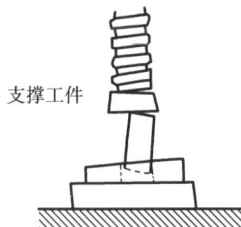

图 2.7.10　　　　　　　图 2.7.11　压力表

6．在操作压床时，要尽量小心，因为它工作时的力很大！请随时观察压力表，其值不要超出额定许可值，如图 2.7.11 所示。

7．不要使用铸铁的三角槽钢来做支撑轴，因为铸铁易脆，并且可能散

105

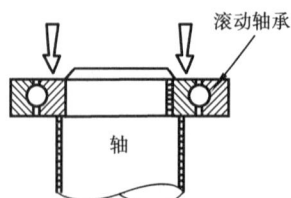

图 2.7.12   图 2.7.13

架,如图 2.7.12 所示。

8.当向滚动轴承施压时,力应加在滚动体内圈上,不要让施加的力通过滚动体,否则轴承有可能破裂!如图 2.7.13 所示。

三、专用维修工具

职场中还经常会使用一些专用工具,这些工具是专门设计的,用于特定场合对特定零部件进行装配或拆卸。

专用工具包括拆卸器、安装工具、导向装置、专用量具、适配器、调节器和弹簧压缩器等。如图 2.7.14 所示为一些常见的专用工具。

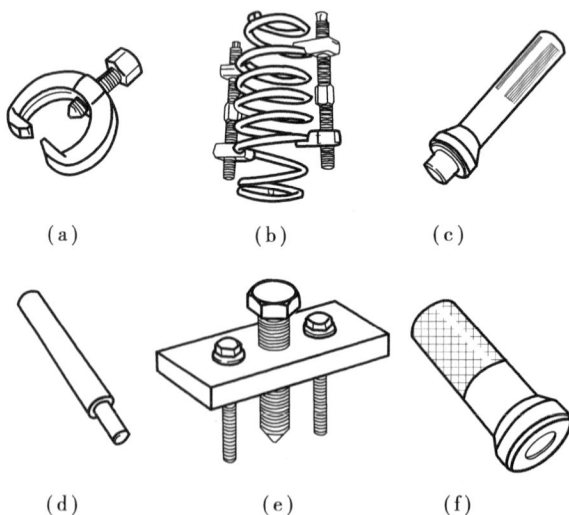

图 2.7.14 专用维修工具样品

106

活动

一、任务

1.到工具室识别各类磨削和研磨、推拉、专用维修类工具,并说明其用途。

2.综合训练:

在一块 50 mm 长,25 mm 宽,100 mm 高的铁块上,如图 2.7.15 所示,完成以下工作:

图 2.7.15　金属块的外表面

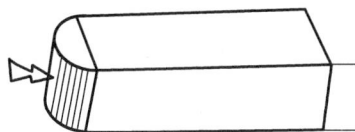

图 2.7.16

(1)加工金属块的外表面:用锯锉的方法加工一个端头,并用磨石打磨锯锉纹路,如图 2.7.16 所示。

(2)使用钻头在图 2.7.17(a)所示的表面中心钻一孔。

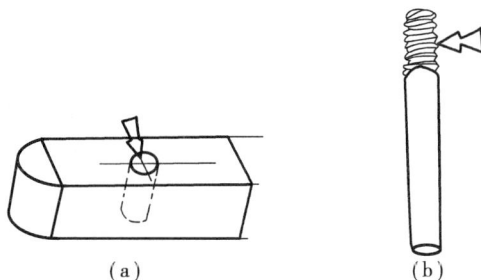

（a）　　　　　　　　　　　（b）

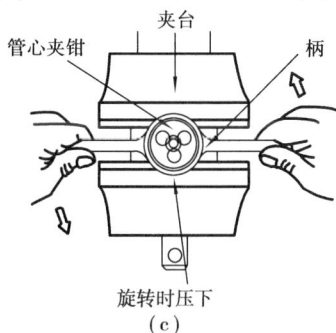

图 2.7.17

(3)用丝锥在孔里面攻丝,如图 2.7.17(b)所示。

(4)使用板牙在一根金属棒的一头攻同样尺寸丝,如图 2.7.17(c)所示。

（5）把金属棒拧进孔里面，然后把露在外面的部分沿着表面切掉。

（6）使用钻头在被切的金属棒的中心钻一个小孔，然后用螺栓取出器旋入孔中，如图2.7.18所示。

（7）对小孔进行左旋攻丝，如图2.7.18所示。让其锐利的刀刃咬入螺栓并拧动竖直的丝杆来取出断螺栓。

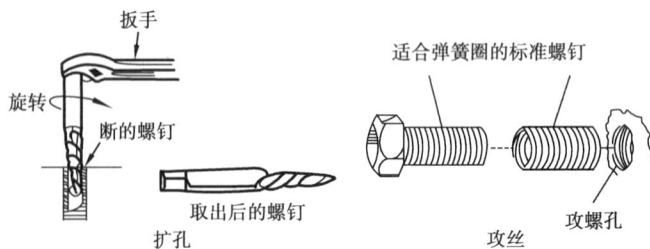

图 2.7.18

二、目的

学会使用攻丝类工具，磨削和研磨，推拉类工具，专用维修类工具。

三、准备工作

1. 一块 50 mm 长，25 mm 宽，100 mm 高，软金属块。

2. 钻头、锉刀、钢锯、丝锥、螺栓取出器。

3. 各类磨削和研磨、推拉、专用维修类工具。

四、请回答下列问题，若有困难请向老师寻求帮助

1. 在操作压床时，为什么要戴上护目镜或是面罩？

2. 当操作压床时，列举出 4 种以上存在的安全隐患？

磨削和研磨、推拉、专用维修类手动工具鉴定单

序号	鉴定内容	鉴定结果	
		正确	不正确
1	识别各类磨削和研磨、推拉、专用维修类工具。		
学生姓名：		学号：	
教师签名：		日期：	

综合训练操作鉴定单

序号	鉴定内容	鉴定结果	
		符合要求	不符合要求
1	用锯锉方法加工金属块的外表面,并用磨石打磨锯锉纹路。		
2	使用钻头在工件一表面的中心钻一孔。		
3	使用丝锥在孔里面攻丝。		
4	使用板牙在一根金属棒的一头攻同样尺寸的丝。		
5	把金属棒拧进孔里面,然后把露在外面的部分沿着表面切掉。		
6	使用钻头在被切的金属棒中心钻一个小孔,然后用螺栓取出器旋入孔中。		
7	对小孔进行左旋攻丝,让其锐利的刀刃咬入螺栓并拧动竖直的丝杆来取出断螺栓。		
学生姓名:		学号:	
教师签名:		日期:	

2.8　电动工具的识别、选择和使用

学习目的

学完本节后,你应能做到:
识别、选择及正确安全地使用、保养电动工具。

一、电动工具安全使用规则

1. 不要使用电线或插头已坏的电动工具,如图 2.8.1 所示。

2. 在操作电动工具之前,要读懂操作指令或使用说明书。

3. 不要在潮湿的地板上使用电动工具,以防电动工具漏电而引起触电事故,如图2.8.2所示。

4. 使用电动工具时,一定要穿橡胶底鞋。

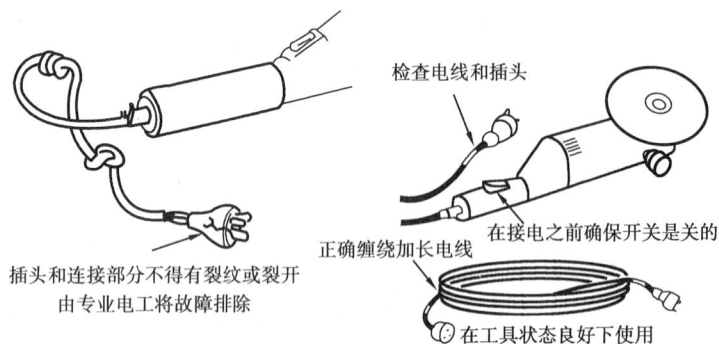

检查电线和插头

在接电之前确保开关是关的

正确缠绕加长电线

⊘ 在工具状态良好下使用

插头和连接部分不得有裂纹或裂开
由专业电工将故障排除

图 2.8.1　电动工具的检查

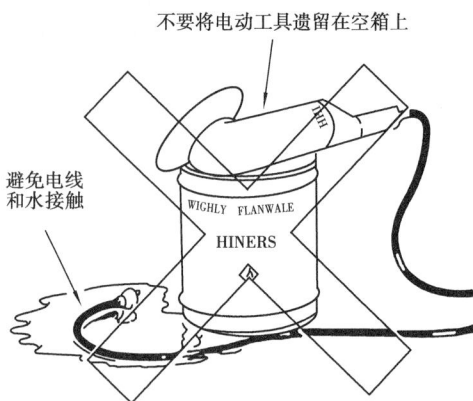

不要将电动工具遗留在空箱上

避免电线
和水接触

图 2.8.2

8. 要定期对电动工具进行安全检查。

二、电动工具日常维护

请经常检查电动工具的下列项目：

1. 导线是否损坏。

2. 插头是否损坏。

3. 工具是否干净。

三、电动工具的外接线

5. 电动工具的插头要使用三相插头，并确认插座已接入保护零线。

6. 要使用电动工具开关来开关电源，而不能采用插上或拔下墙上电源插头的方式来代替开关，如图2.8.3所示。

工具接上电之前，要确认开关是关上的。

7. 一定要按操作规程来使用电动工具，违反操作规程将导致严重的人身伤亡事故。

图 2.8.3

理想的外接线应该是导线长度尽可能短，直径尽可能大。如果导线的直径比需要的小，长度比所需要的长，就会发生明显的电压降，造成导线过热，因此使用电动工具时应检查导线选用是否合理。使用时，要检查其绝缘是否损坏，有无金属丝外露，导线不能被水或其他溶剂浸湿，如图2.8.4

所示。

使用前需要完全散开接出线的电线匣,因为导线可能因过热而着火,如图 2.8.4 所示。

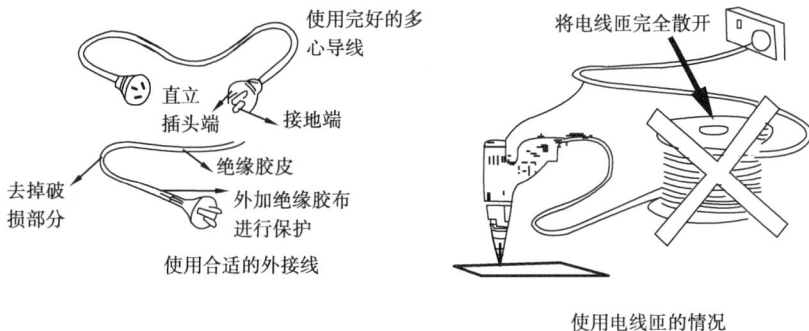

图 2.8.4

四、电钻

(一)应用

电钻主要用于钻孔和扩孔。

(二)使用电钻应该注意的安全措施

1. 遵守电动工具安全使用规则。

2. 使用时保持电钻平稳。

3. 不要让电钻超负荷工作以增加着火风险。

4. 电钻在钻削过程中,钻头安装必须安全牢固。

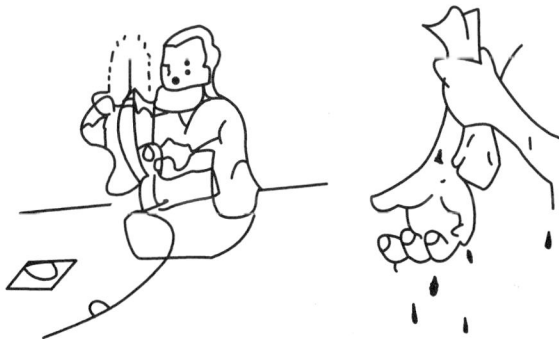

图 2.8.5

5. 在使用之前,检查电钻是否有异常现象,不要用潮湿的手擦它们,如图 2.8.5 所示。

6. 确保电动机通风,通风口要保持清洁,并确保完全打开,如图 2.8.6 (a)所示。

7. 检查电线是否损坏,若已损坏用特定的胶布安全的修复它,如图

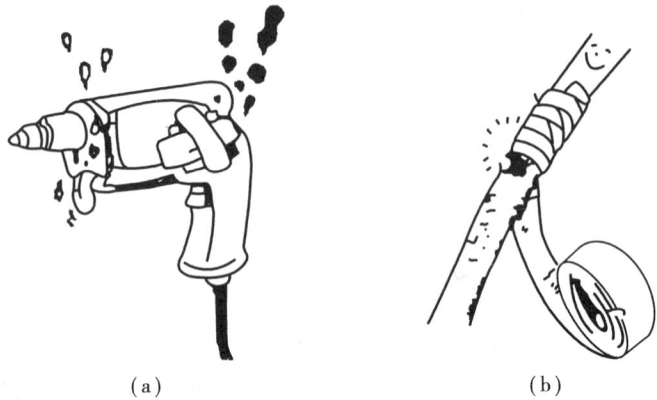

（a）　　　　　　　　（b）

图 2.8.6

2.8.6(b)所示。

　　8.不要使用电线或插头来拖动电钻。

　　9.确保被钻削的工件可靠固定,否则钻削过程中工件会旋转,造成人员受伤。

　　10.当电钻发热时,需要使用润滑油。

　　11.钻削工件时,需要戴上面罩或护目镜,以防飞溅的屑片和微粒飞进眼睛。

　　12.钻削过程中不断变速,这样可方便断屑,如图 2.8.7 所示。

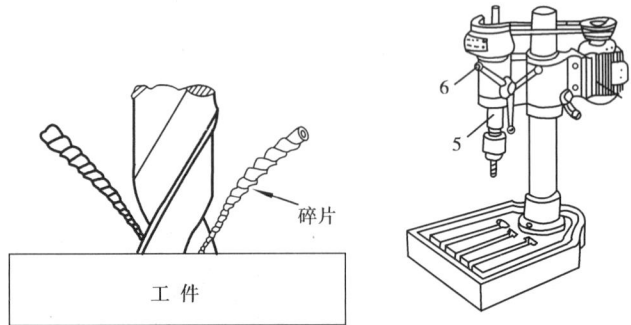

图 2.8.7

　　13.操作电钻时,不要将速度调得太快,也不要在电钻上施加很大的压力。因为这样会使电钻因过热而损坏。

　　14.检查电钻设置的速度是不是合理。钻削小孔时,钻削速度可快一些,钻削大孔时,钻削速度应慢一些。

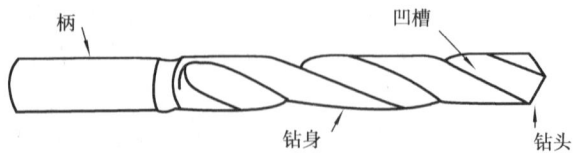

图 2.8.8

15.钻头使用前检查钻头是否锋利、可靠。如图2.8.8所示。

16.为了避免钻头损坏及伤人、伤物,当钻头快要钻通工件时,要减小施加在它上面的压力。

17.在有问题的电钻上贴上标签,如图2.8.9所示。

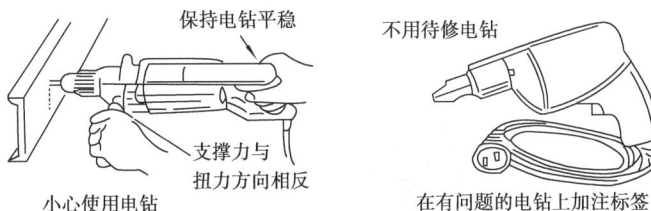

保持电钻平稳

不用待修电钻

支撑力与扭力方向相反

小心使用电钻

在有问题的电钻上加注标签

图2.8.9

(三)电钻的维护

1.经常使用钻头钥匙检查夹头工作情况。

2.定期检查导线、插头及外壳绝缘性能。

4.电钻使用后应放回工具箱内,存放于干燥处。

五、砂轮机

常见的砂轮机主要有台架砂轮机和手持砂轮机两种,如图2.8.10所示。

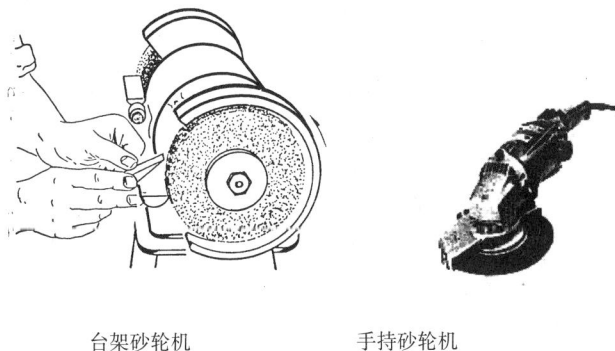

台架砂轮机　　　　　手持砂轮机

图2.8.10

(一)砂轮的应用

砂轮机用于打磨金属、打磨钻头等。

(二)使用注意事项

1.检查砂轮是否损坏或是否出现裂纹,否则,损坏部分会飞离主体砂轮造成人员伤亡。

2.在磨削之前,让砂轮以一定的工作速度空转至少一分钟以上,让砂轮达到最高速度。

3.确保砂轮被防护体遮盖一半以上。

4. 操作砂轮机时,戴上特制眼镜或面罩,如图 2.8.11 所示。

5. 打磨工件时,不可用力过大,以防损坏砂轮及工件从手中滑脱。

6. 人不要与砂轮平面站在同一条线上,应有一定夹角,以防砂轮破裂后飞出伤人。

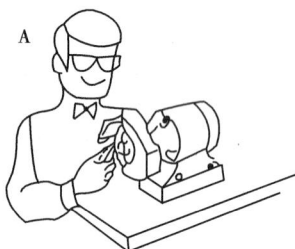

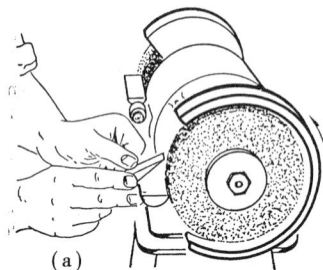

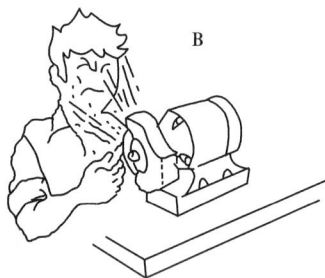

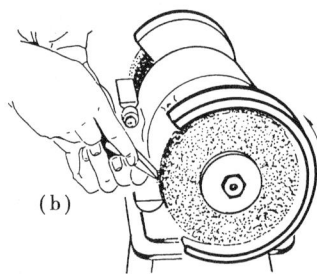

图 2.8.11

A——戴上特制眼镜或面罩

B——没有戴眼镜或面罩

图 2.8.12

(a)磨工具时把工具贴着砂轮的正确方法

(b)不正确的方法——工具有可能卡在支架和砂轮之间

7. 磨削时手要适当地靠近砂轮,并把工件放置成正确的角度,如图 2.8.12 所示。

如果磨削小工件时,不能直接用手抓工件,而需用手钳夹住,这样可避免把手指磨伤,或是砂轮将工件卡住,如图 2.8.13 所示。

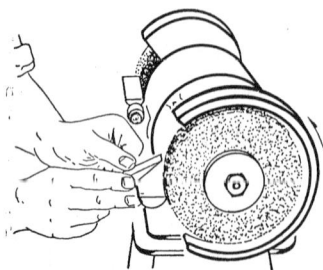

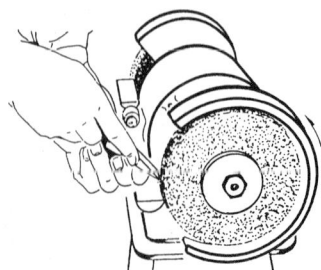

图 2.8.13

图 2.8.14

8. 不要将工件反向放在砂轮的上部磨削。如果工件本身很长时,工件就有可能被卡住! 如图 2.8.14 所示。

9. 使用砂轮磨工件时,不能只使用砂轮的一侧,这样可能导致砂轮的损坏。

(三)砂轮的维护

1. 砂轮必须按规定打磨调整。

2. 砂轮磨损较大时应予以更换。

六、冲击扳手

常见的冲击扳手有冲击扳手(枪)和气动棘轮扳手,其结构如图 2.8.15 所示。

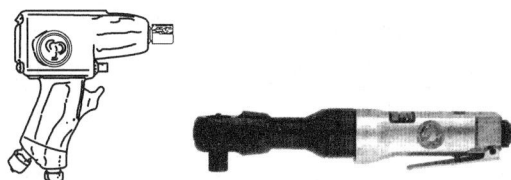

冲击扳手(枪)　　　气动棘轮扳手

图 2.8.15

(一)应用

冲击扳手是一种用于快速拆装螺栓或螺母的操作工具。

(二)冲击扳手使用时注意的问题

1. 使用冲击扳手时,一定要握紧,并站在一个安全舒适的位置。

2. 不要让冲击扳手排气口处的脏物吹到脸上!

3. 注意扳手的扭矩,如果扳手被工件给卡住后,由于冲击力存在,会扭伤手腕!

4. 用完冲击扳手后,要将气管卷起来。

5. 注意选择冲击扳手扭矩大小,否则会因冲击力矩太大而拧断螺栓。

6. 压缩空气的压力不能高于冲击扳手的许用压力。

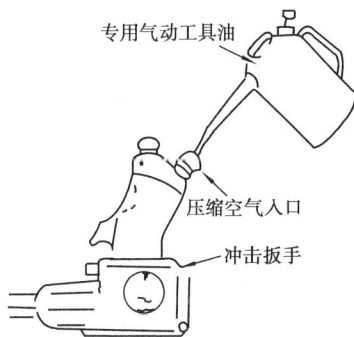

专用气动工具油

压缩空气入口

冲击扳手

气动工具的润滑

图 2.8.16

(三)维护

1. 经常检查工具排气管的清洁,同时检查外形是否损坏。

2. 使用专用气动工具油为冲击扳手进行润滑,如图 2.8.16 所示。

活动1

一、任务

　　安全使用电钻,并在金属板上钻削不同直径的孔。

二、目的

　　在汽车维修中需经常使用电钻,学会电钻的使用。

三、准备工作

1. 电钻及钻头。

2. 10 mm 厚的钢板。

四、请回答下列问题,若有困难请向老师寻求帮助

1. 在操作不熟悉的电动工具前,应该做些什么?

_____

2. 为什么用潮湿的手或在潮湿的地板上操作电动工具是很危险的?

_____

3. 如果使用的电动工具的引线太长,或是直径太小,将会出现什么不良现象?

_____

4. 怎样做才能防止电钻过热?

_____

_____

_____

5. 电钻钻孔时的速度该如何选择?

_____

活动2

一、任务

　　使用砂轮刃磨起子。

二、目的

　　学会砂轮的使用。

三、准备工作

1. 砂轮机

2. 刃口已钝的起子多把。

四、请回答下列问题,若有困难请向老师寻求帮助

1. 使用出现裂纹的砂轮将会发生什么事故?

_____

2. 当操作砂轮时,列举出两种保护你脸部和眼睛的方法?

_____

活动 3

一、任务

　　使用冲击扳手拧紧和旋松螺母。

二、目的

学会使用冲击扳手。

三、准备工作

1. 冲击扳手。

2. 部件上螺母。

3. 空气压缩机及气管。

四、请回答下列问题,若有困难请向老师寻求帮助

1. 应该怎样正确把持冲击扳手?

_____

_____

2. 为什么要正确设置冲击扳手的扭矩?

_____

_____

电动工具操作鉴定单

序号	鉴定内容	鉴定结果	
		符合要求	不符合要求
1	使用电钻,并在金属板上钻削不同直径的孔。		
2	使用砂轮刃磨起子。		
3	使用冲击扳手旋紧并旋松螺母。		
学生姓名:		学号:	
教师签名:		日期:	

单元鉴定单

单元2 鉴定表格

2.1 扭转类工具的识别、选择和使用

鉴定内容	完成	否
你是否完成活动的要求,并得到教师的确认?		
你是否能回答教师提出的问题?		

教师签字:＿＿＿＿＿＿＿＿＿

学生签字:＿＿＿＿＿＿＿＿＿

日期:＿＿＿＿＿＿＿＿＿

2.2 固定和卡紧类工具的识别、选择和使用

鉴定内容	完成	否
你是否完成本节活动的要求,并得到教师的确认?		
你是否能回答教师提出的问题?		

教师签字:＿＿＿＿＿＿＿＿＿

学生签字:＿＿＿＿＿＿＿＿＿

日期:＿＿＿＿＿＿＿＿＿

2.3 锤击和击打类工具的识别、选择和使用

鉴定内容	完成	否
你是否完成本节活动的要求,并得到教师的确认?		
你是否能回答老师提出的问题?		

教师签字:＿＿＿＿＿＿＿＿＿＿

学生签字:＿＿＿＿＿＿＿＿＿＿

日　期:＿＿＿＿＿＿＿＿＿＿

2.4 切割和成形类工具的识别、选择和使用

鉴定内容	完成	否
你是否完成本节活动的要求,并得到教师的确认?		
你是否能回答老师提出的问题?		

教师签字:＿＿＿＿＿＿＿＿＿＿

学生签字:＿＿＿＿＿＿＿＿＿＿

日　期:＿＿＿＿＿＿＿＿＿＿

2.5 钻孔和铰孔类工具的识别、选择和使用

鉴定内容	完成	否
你是否完成本节活动的要求,并得到教师的确认?		
你是否能回答老师提出的问题?		

教师签字:＿＿＿＿＿＿＿＿＿＿

学生签字:＿＿＿＿＿＿＿＿＿＿

日　期:＿＿＿＿＿＿＿＿＿＿

2.6　攻丝类工具的识别、选择和使用

鉴定内容	完成	否
你是否完成本节活动1的要求,并得到教师的确认?		
你是否完成本节活动2的要求,并得到教师的确认?		
你是否能回答老师提出的问题?		
教师签字:_____ 学生签字:_____ 日期:_____		

2.7　磨削和研磨、推拉、专用维修类工具的识别、选择和使用

鉴定内容	完成	否
你是否完成本节活动的要求,并得到教师的确认?		
你是否能回答老师提出的问题?		
教师签字:_____ 学生签字:_____ 日期:_____		

2.8　电动工具的识别、选择和使用

鉴定内容	完成	否
你是否完成本节活动1的要求,并得到教师的确认?		
你是否完成本节活动2的要求,并得到教师的确认?		
你是否完成本节活动3的要求,并得到教师的确认?		
你是否能回答老师提出的问题?		
教师签字:_____ 学生签字:_____ 日期:_____		

单元学习评估表

现在学生已经完成了这一单元的学习,我们希望学生能对所参与的活动提出意见,请你在相应的项目上打钩。

请在相应的栏目内打钩	非常同意	同意	没有意见	不同意	非常不同意
1.这一单元给我很好地提供了……的综述?					
2.这一单元帮助理解了……的理论?					
3.我现在对赏试……感到了自信?					
4.该单元的内容适合我的需求?					
5.该单元中举办了各种活动?					
6.该单元中不同部分融合得很好?					
7.单元学习中教师待人友善愿意帮忙?					
8.单元学习让我做好了参加评估的准备?					
9.该单元中所有的教学方法对我学习起到了帮助的作用?					
10.该单元提供的信息量正好?					
11.评估看来公平、适当?					
你对改善本科目后面单元的教学有什么建议?					

单元3 车间装备及举升设备的使用

学习目的

通过本单元的学习,你应能做到:

1. 正确识别、选择和使用各种车间装备;
2. 认识举升工具结构、类型和规格;
3. 具备对举升工具进行保养并对部件进行维修操作的能力;
4. 能正确安全地使用举升机举升车辆;
5. 能正确安全地使用千斤顶举升车辆;
6. 能正确安全地使用安全支撑支持车辆;
7. 能正确安全地使用举升吊具及吊索等举升设备。

学习资源

1. 各种车间装备,如轮胎拆装机、轮胎平衡机、空气压缩机、零部件清洁池等。
2. 各种举升工具:如各种举升机、发动机吊机、千斤顶、安全支撑、吊具及吊索等。
3. 一些需举升或支撑的汽车及汽车零部件等。

鉴定方法

指导教师将通过以下方法鉴定学生:

1. 检查学生的记录表格。
2. 询问学生怎样识别各种车间装备及举升设备。
3. 要求学生能正确使用各种车间装备及举升设备。
4. 当学生使用和维护这些装备的时候,将问学生安全的防护措施有哪些? 目的是不能伤害自己及其他人。

3.1 车间装备的使用

学习目的

学完本节后,你应能做到:

正确识别、选择和使用各种车间装备。

在汽车维修车间常见的装备有:举升机、发动机吊机、千斤顶、压床(压力机)、空气压缩机、轮胎拆装机、轮胎平衡机、零部件清洗池等。其中举升机、发动机吊机、千斤顶、压床(压力机)、空气压缩机等设备将在相关章节介绍,本节不作重复。

一、轮胎拆装机

轮胎拆装机分为立式和卧式两种,其结构如图 3.1.1 所示。

立式

卧式

图 3.1.1 轮胎拆装机

⚠ 使用注意事项

1. 在拆卸轮胎之前,要把真空芯子移开,并把轮胎里面的气泄出。

2. 在使用轮胎拆装机时,要小心。擦干你的手,然后再工作,可以让你减少受伤的几率!

3. 装轮胎的时候,小心手指,不要放在轮毂和轮胎之间,以免被夹伤!

二、轮胎平衡机

轮胎平衡机的结构如图 3.1.2 所示。

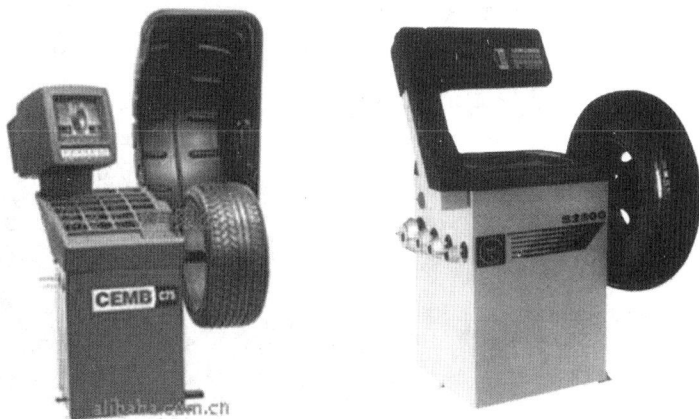

图 3.1.2　轮胎平衡机

⚠️ **使用注意事项**

1. 当把车轮抬上轮胎平衡机测试台的时候,要小心背部!
2. 在平衡测试前,要夹紧车轮,以防止实验的时候车轮飞出。
3. 当车轮旋转的时候,手不要接触车轮,防止受伤! 如图 3.1.3 所示。
4. 不要站在车轮正面,防止旋转的时候飞出伤人!
5. 在没有防护装置时请不要使用轮胎平衡机!

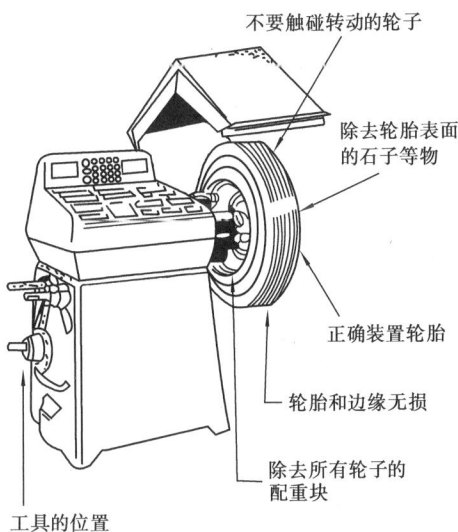

不要触碰转动的轮子

除去轮胎表面的石子等物

正确装置轮胎

轮胎和边缘无损

除去所有轮子的配重块

工具的位置

图 3.1.3　正确安全地使用轮胎平衡机

三、空气压缩机

1.种类:空气压缩机的种类较多,按其结构形式的不同可分为活塞式、单螺杆式、双螺杆式、涡卷式等类型。

2.应用:空气压缩机的作用是提供比大气压力高的压缩空气,它常用于轮胎充气,清洁部件,为气动工具提供动力等,其结构如图3.1.4所示。

图3.1.4 空气压缩机

四、气管

(一)应用

气管用于传输压缩空气给用气单元,如气动扳手、研磨机、举升机、撬胎器、清洁器等。

气管可分为高压气管和低压气管,其中高压气管有帘布层。

(二)安全措施

1.打开供气阀之前应检查软管是否损坏。

2.不要将气管中的压缩空气直接对着他人。

3.用气管中的压缩空气吹干零部件时,要戴护目镜。

(三)维护

1.检查、更换软管、接头。

2.不要将气管浸泡在溶剂或油中,气管应采用碱水清洗,清洗后要晾干。

3.不要让气管打结而减小或切断压力。

4.不要在气管路上放置重物。

五、零部件清洗池

零部件清洗池的结构如图 3.1.5 所示。

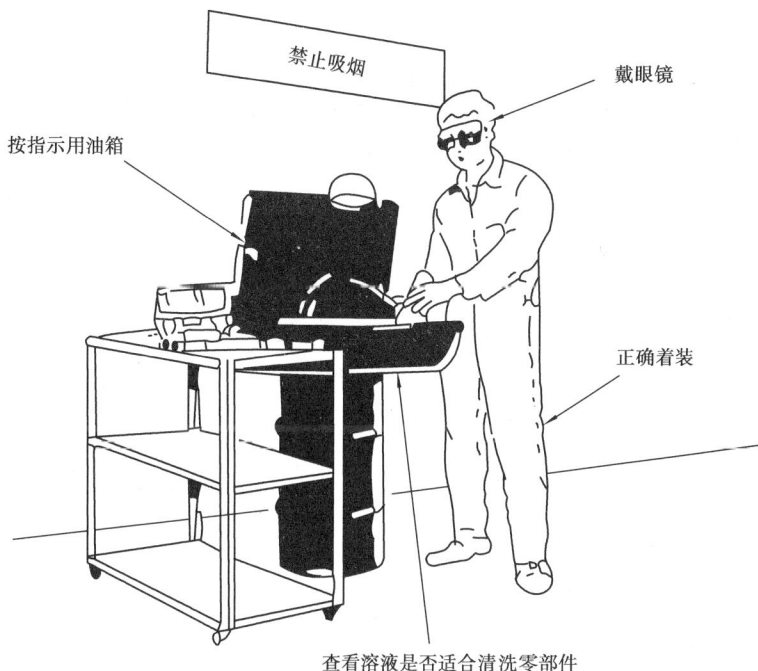

⚠️ 使用注意事项

如图 3.1.6 所示：

1. 热洗时可能造成水蒸气喷出，小心开启。

2. 转动部位转动时不要用手接触，防止受伤！

3. 小心洗涤液里面的化学物质伤害眼睛和皮肤。

4. 有些溶剂会放出有毒的气体，所以要有适当的通风！

图 3.1.5　零部件清洗池

5. 要穿防护服，因为高压的洗涤剂污垢和循环润滑油有可能溅出！

6. 随时保持清洁池周边的清洁干燥。

禁止吸烟

戴眼镜

按指示用油箱

正确着装

查看溶液是否适合清洗零部件

图 3.1.6　零部件清洗池的正确使用

活动

一、任务

1. 请分别说出使用轮胎拆装机、轮胎平衡机、零部件清洗池等设备可能存在的安全隐患,并说明每种安全隐患有关的预防措施。

2. 使用空气压缩机给轮胎充气。给轮胎加气要使用气压表,轮胎气压值可通过资料获取。

3. 请按照下面流程抬起汽车,拆卸并安装车轮。

    拆卸并安装车轮流程为:用套筒扳手拧松轮胎螺母,在老师的指导及监护下,把千斤顶放在地面上,选择好支撑点,支撑汽车,在千斤顶和汽车之间放好安全支撑架,卸下车轮。检查轮胎后,装上轮胎,用手旋紧轮胎螺母,取下安全支撑架和千斤顶,使车轮着地,再用扭力扳手分两次将轮胎螺母旋紧到规定扭矩值(轮胎扭矩值可通过资料获取)。

二、目的

    学会使用各种车间装备。

三、准备工作

    千斤顶、安全支撑架、轮胎拆装机、轮胎平衡机、空气压缩机、零部件清洗池。

四、请回答下列问题,若有困难请向你的老师寻求帮助:

1. 当现场没有防护装备时,我们是否应该操作轮胎平衡器?

_____

2. 热洗时,列举出两种可能造成事故的原因!

_____

_____

_____

车间装备的使用鉴定单

序号	鉴定内容	鉴定结果	
		正确	不正确
1	说出使用轮胎拆装机、轮胎平衡机、零部件清洗池6种设备可能存在的安全隐患以及预防措施。		

续表

序号	鉴定内容	鉴定结果	
		正确	不正确
2	使用压缩机给轮胎充气。		
3	抬起汽车,拆卸并安装车轮。		
学生姓名:		学号:	
教师签名:		日期:	

3.2　使用举升机举升车辆操作

学习目的

学完本节后,你应能做到:

能正确识别、选择、安全地使用举升机举升车辆。

一、举升机的种类和作用

1. 举升机的种类

在汽车维修车间有许多种类的举升机,一般可根据其柱子的多少分为单柱、双柱、四柱举升机,根据其动力装置的不同分为液压举升机、气动举升机和电动举升机等。

2. 举升机的作用

举升机的作用是举升车辆到地面上一定的高度,便于维护、修理及检测汽车,如果使用不当,将产生危险。

⚠ 注意

> ● 必须经过正确的操作培训,阅读举升机使用说明书,学习车间有关举升机的安全预防措施后,才能使用举升机。
> ● 举升机上标注有最大安全载荷,使用时请不要超过安全工作载荷。

二、使用举升机举升车辆

（一）车辆在举升机上的定位

1. 慢慢地驾驶（需有驾驶证），将车辆停在举升机正中，如图3.2.1所示。

2. 防止车辆滚动，使用驻车制动器。如有必要，楔住车轮。

3. 车辆装载有负荷或两轴负荷不均时，不能举升。

4. 检查举升机顶部空间，避免附件碰撞。

5. 收缩天线。

6. 关闭车门。

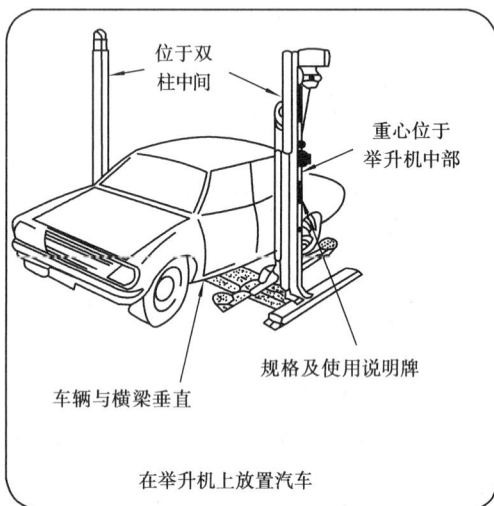

位于双柱中间

重心位于举升机中部

规格及使用说明牌

车辆与横梁垂直

在举升机上放置汽车

图3.2.1

（二）举升车辆

1. 使用双柱式举升机举升车辆

● 清理举升机举升平台；确保干燥、没有油污。

● 定位车辆。

● 将举升机举升平台放在车辆支撑点下面（参照制造厂家维修手册）。如图3.2.2所示。

● 升起举升机举升臂直到举升平台接触到车辆支撑点，如图3.2.3所示。

● 检查举升平台与支撑点的相互定位是否正确，如果不正确，应降下举升臂重新定位。

● 将举升机上升到期望的位置。

● 连接安全保险装置。

 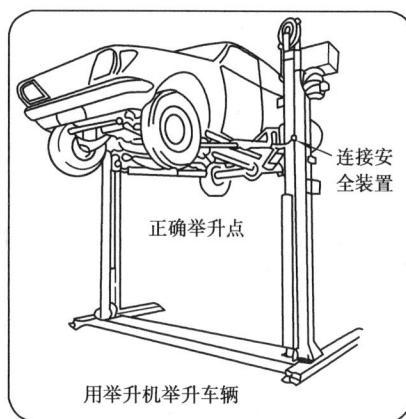

图 3.2.2　　　　　　　　　　　　　　　　图 3.2.3

!　注意

　　●某些前置发动机、前轮驱动车辆前面较重,当车轮、悬挂总成和油箱从车辆后部拆下时,在双柱式举升机上的车辆可能向前倾斜。

2. 使用四柱式举升机举升车辆

如图 3.2.4 所示:

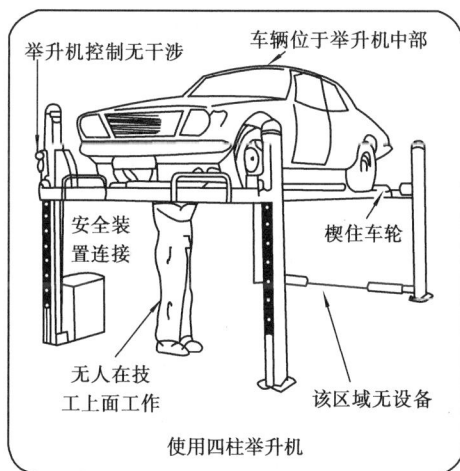

图 3.2.4

● 把车辆停在举升机中部。
● 施加驻车制动,手动变速器挂上低速挡。
● 自动变速器选择"停车"挡位或者楔住车轮。

- 将举升机升到期望的高度。
- 连接安全保险装置。

3. 使用单柱式举升机举升车辆

如图 3.2.5 所示：

- 将车辆放在框架的正中。
- 将支撑块定位于车辆支撑点下面。
- 操作控制杆慢慢升起举升机。
- 在框架下放上安全支撑腿或适当的支撑柱，以便支持框架，防止下滑。
- 单柱式举升机目前应用较少。

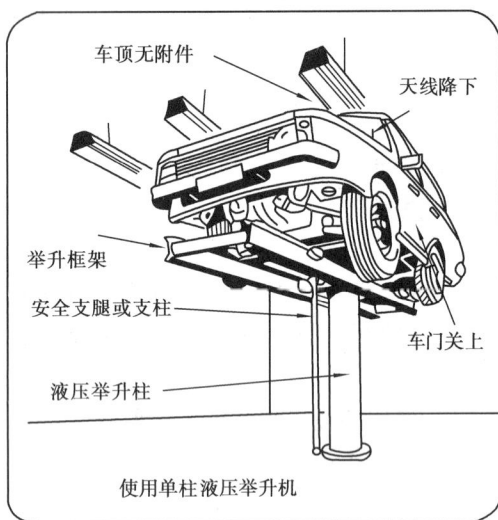

使用单柱液压举升机

图 3.2.5

⚠️ 注意

- 在安全装置或安全支撑腿连接好之前，任何人不要进入举升机下面。当有人在举升机下面工作时，绝不可升降举升机。

三、降下举升机

如图 3.2.6 所示：

- 从举升机下面和周围搬走所有工具、照明灯、软管和电缆。
- 确保举升机下面没有其他人员。
- 解脱安全装置或安全支腿。

● 慢慢降下举升机,并检查是否全部降下。决不能让举升机举升或下降时无人照管。

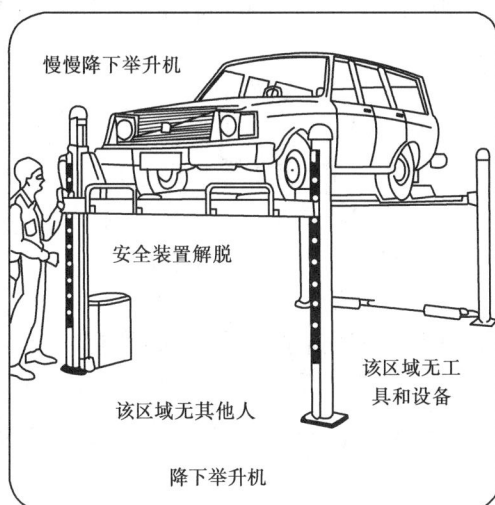

慢慢降下举升机

安全装置解脱

该区域无工具和设备

该区域无其他人

降下举升机

图 3.2.6

四、从举升机上开下车辆

如图 3.2.7 所示:

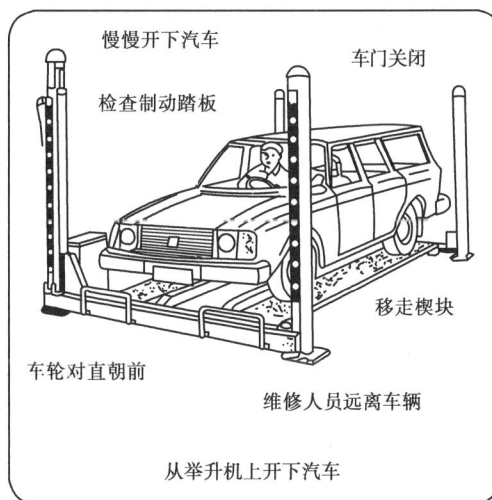

慢慢开下汽车

车门关闭

检查制动踏板

移走楔块

车轮对直朝前

维修人员远离车辆

从举升机上开下汽车

图 3.2.7

● 确保举升托架臂、安全支撑、举升平台与车辆分开,收折举升托架、让出通道。

　● 将前轮保持向前不偏转。

　● 检查制动操作有效。

　● 确保关上车门,防止倒车时,车门撞击举升机立柱。

- 慢慢控制并开下汽车。

五、以下情况不能使用举升机或任何液压、气动举升装置

- 举升时颤抖或跳动。
- 举升后自己慢慢下滑。
- 使用或不使用时都慢慢上升。
- 下降得非常慢。
- 从排气孔里喷出液压油。
- 密封盖处有漏油现象。
- 标示有故障的举升机,如图3.2.8所示。

遇到上述情况时请及时排除故障,这些状况会造成危险。

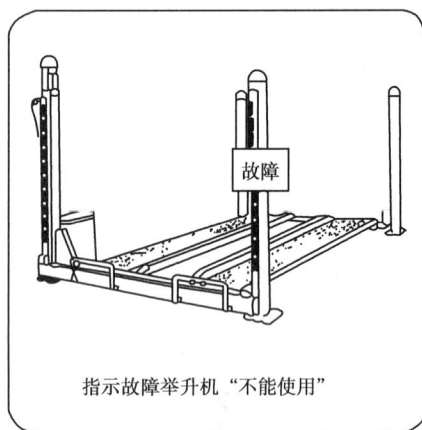

图 3.2.8

活动 1

一、任务

　　熟悉举升机参数。

二、目的

　　使学生熟悉举升机的有关参数及使用要求。

三、准备工作

　　各种类型的举升机设备及其产品说明书。

四、检测报告

1. 举升机的最大安全载荷及生产厂家是(根据说明书回答):

2.安全预防措施是:

_____

_____

_____

_____　。

活动 2

一、任务

1.车辆在举升机上的定位。

2.正确安全的举升车辆。

3.正确安全的降下车辆。

4.正确安全的从举升机上开下车辆(需有驾驶证)。

二、目的

学会正确安全的操作四柱式及双柱式举升机。

三、准备工作

四柱式及双柱式举升机各一台、轿车一辆。

四、请回答下列问题,若有困难请向老师寻求帮助:

1.车辆在举升机上定位时,为什么要放在正中? 如何防止车辆滚动?

_____

_____

2.为什么要用举升机托架从车辆举升支点举升车辆,而不是其他任意部位?

_____

3.车辆的举升支点位置如何确定?

_____

4.举升机出现哪些故障时不能使用?

_____

_____

✋ 鉴定1　车辆在举升机上的定位操作鉴定单

序号	鉴定内容	鉴定结果	
		符合要求	不符合要求
1	将车辆停在举升机正中,慢慢地驾驶。		
2	防止车辆滚动,使用驻车制动器。如有必要,楔住车轮。		
3	车辆装载负荷或两轴负荷不均时,不能举升。		
4	检查举升机顶部空间,避免附件碰撞。		
5	收缩天线,关闭车门。		
学生姓名:		学号:	
教师签名:		日期:	

✋ 鉴定2　使用双柱式举升机举升车辆操作鉴定单

序号	鉴定内容	鉴定结果	
		符合要求	不符合要求
1	清理举升机举升平台;确保干燥、没有油污。		
2	定位车辆将举升机举升平台放在车辆支撑点下面。		
3	升起举升机举升臂直到举升平台接触到车辆支撑点。		
4	检查举升平台与支撑点的相互定位是否正确,如果不正确,应降下举升臂重新定位。		
5	将举升机上升到期望的位置。		
6	连接安全保险装置。		
学生姓名:		学号:	
教师签名:		日期:	

鉴定3　使用四柱式举升机举升车辆操作鉴定单

序号	鉴定内容	鉴定结果	
		符合要求	不符合要求
1	把车辆停在举升机中部。		
2	施加驻车制动。手动变速器挂上低速挡,自动变速器选择"停车"挡位或者楔住车轮。		
3	将举升机升到期望的高度。		
4	连接安全保险装置。		
学生姓名:		学号:	
教师签名:		日期:	

鉴定4　从举升机上降下车辆操作鉴定单

序号	鉴定内容	鉴定结果	
		符合要求	不符合要求
1	从举升机下面和周围搬走所有工具,照明灯、软管和电缆。		
2	确保举升机下面没有其他人员。		
3	解脱安全装置或安全支腿。		
4	慢慢降下举升机,并检查是否全部降下。决不能让举升机举升或下降时无人照管。		
5	确保举升托架臂,安全支撑,举升平台与车辆分开并收折,让开通道。		
6	将前轮保持向前不偏转。		
7	检查制动操作有效,并踩紧制动踏板。		
8	确保关上车门,防止倒车时,车门撞击举升机立柱。		
学生姓名:		学号:	
教师签名:		日期:	

3.3 使用千斤顶举升车辆操作

学习目的

学完本节后,你应能做到:
正确识别、选择、安全地使用千斤顶举升车辆。

一、千斤顶的作用和种类

在汽车维修厂,有各种类型和大小的千斤顶。千斤顶设计时都有一个最大安全工作载荷,一般标注在千斤顶的外壳上,其值小的只有几百公斤,大的则有几十吨。

警告

> 使用千斤顶时不能超过其最大安全工作载荷。

1. 千斤顶的作用

千斤顶用于支撑、抬高车辆或其他重物。如举升一个或两个车轮,支撑汽车总成等。

2. 千斤顶的种类

如图 3.3.1 所示千斤顶的种类较多,根据其动力来源的不同可分为手动千斤顶(包括机械式千斤顶、液压千斤顶)、气压千斤顶和电动千斤顶。

根据其形状的不同可分为立式千斤顶、卧式千斤顶、剪式千斤顶和分离式千斤顶等。

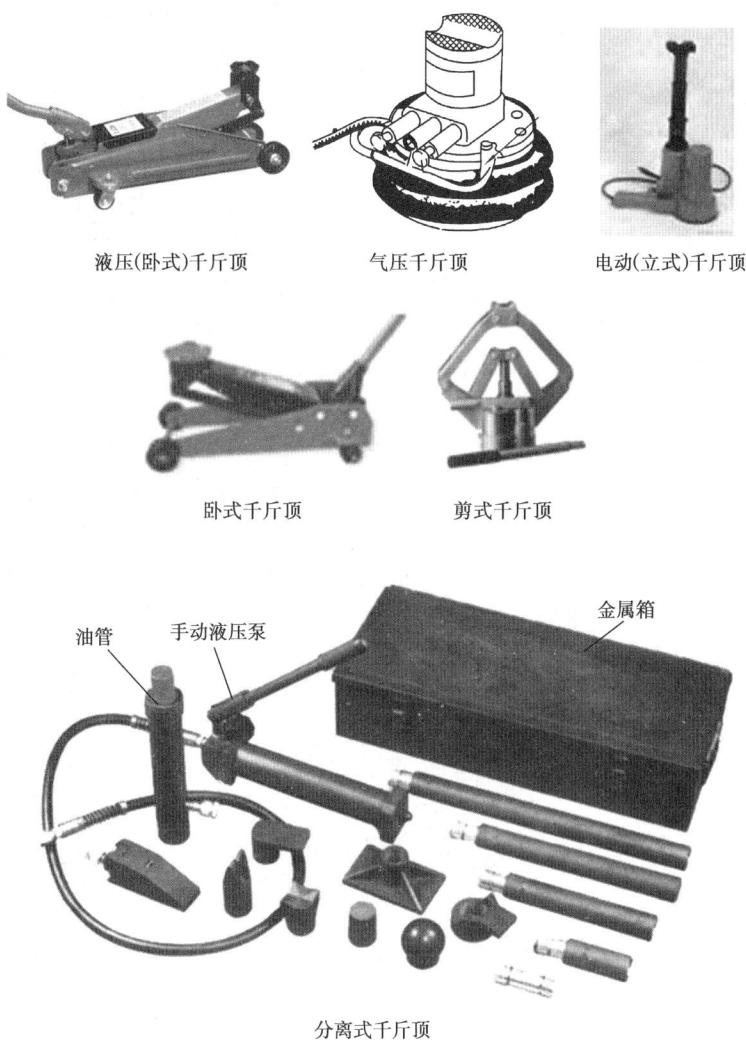

液压(卧式)千斤顶　　　气压千斤顶　　　电动(立式)千斤顶

卧式千斤顶　　　剪式千斤顶

分离式千斤顶

图 3.3.1　各种千斤顶

⚠️ 二、使用注意事项

1.使用前应先检查千斤顶是否完好,千斤顶支撑台不得有油污,千斤顶不得漏油,如果漏油,那它降下物体的速度要么太快,要么就是太慢!

2.检查千斤顶的承载能力,不得超过其最大安全工作载荷。

3.汽车点火开关应断开,如图 3.3.2 所示。

4.手动变速器选择一挡或倒挡,对自动变速器则选择"停车"挡。

5.施加手制动。

6.将与被举升车轮相对角的车轮前后都楔住。在倾斜路面上楔住所有仍位于地面的车轮。如果地面太软或不平,在千斤顶下面垫支撑座或木板。

7. 千斤顶只能支撑于车辆上强度大或加强的部位,如图 3.3.3 所示。

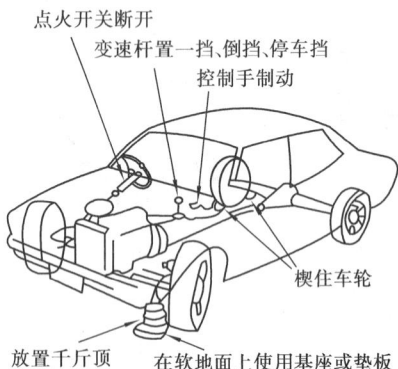

点火开关断开
变速杆置一挡、倒挡、停车挡
控制手制动

楔住车轮

放置千斤顶   在软地面上使用基座或垫板

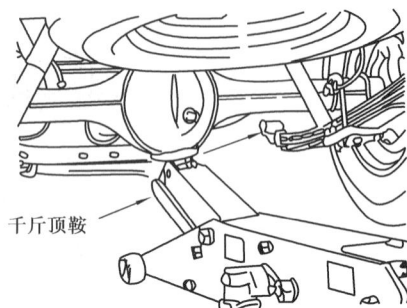

千斤顶鞍

图 3.3.2   图 3.3.3

8. 当车辆只有一个千斤顶支撑时,千万不要站在车辆下面,应在车下放置安全支撑并调到要求高度。如图 3.3.4 所示。放置安全支撑时,不能让身体进入车辆下面。并确保安全支撑不损坏防溅板、地板、燃油管、制动油管和电缆,如图 3.3.5 所示。

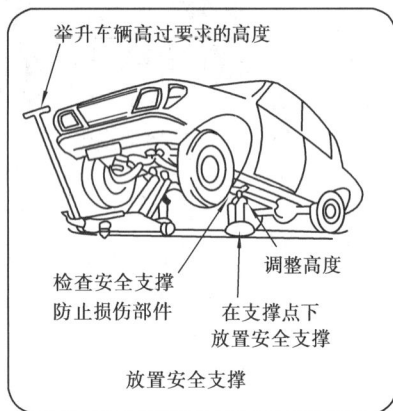

举升车辆高过要求的高度

检查安全支撑
防止损伤部件

调整高度

在支撑点下
放置安全支撑

放置安全支撑

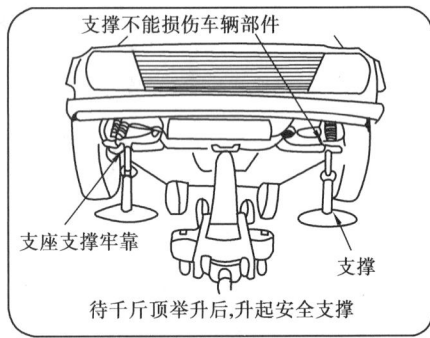

支撑不能损伤车辆部件

支座支撑牢靠

支撑

待千斤顶举升后,升起安全支撑

图 3.3.4

9. 如果没有安全支撑,可用硬木块适当堆积起来做支撑,如图 3.3.6 所示。不能使用砖头或建筑砌块支持车辆,它们会突然脆裂,使车辆突然掉下。

10. 在没有先检查是否安全的情况下,决不要将其他人使用中的千斤顶拆下。

11. 只能用推荐的液压油加注液压千斤顶。

12. 大部分现代汽油车辆装备有汽油蒸发收集装置,举升油箱高于活性炭罐可能导致汽油流入炭罐,使它丧失功能。如果车辆举升后油箱高度超过炭罐,应将油箱与炭罐隔绝。

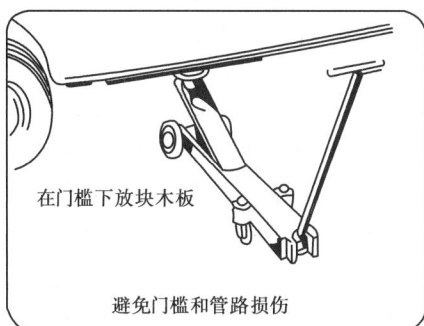

在门槛下放块木板

避免门槛和管路损伤

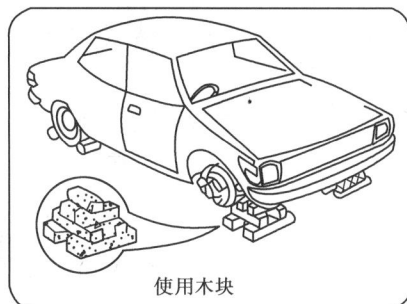

使用木块

图 3.3.5　　　　　　　　　　　　　图 3.3.6

三、随车千斤顶

　　小车一般随车配有千斤顶,这种千斤顶用途有限;一次只能举起一个车轮。依靠千斤顶和其他 3 个车轮的支撑作用保证车辆稳定。

　　这种千斤顶适用于特定型号的车辆,支撑在托架、车身、保险杠上面的支撑点上。

　　它们的用途仅限于更换车轮,在厂家说明书或维修手册里有操作说明。图 3.3.7 所示为各种随车千斤顶的使用。

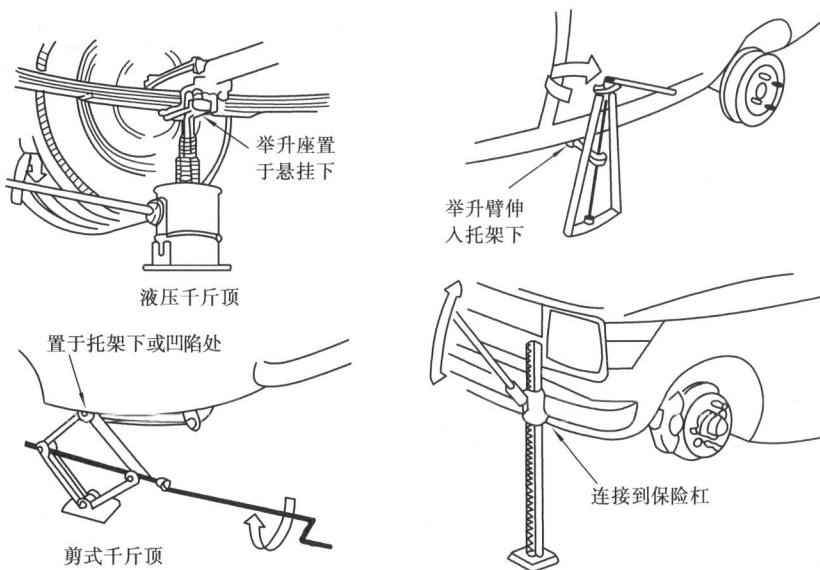

图 3.3.7　随车千斤顶的使用

注意

随车千斤顶必须支撑在厂家确定的位置。

四、手动千斤顶

手动千斤顶结构紧凑,使用简单,一般其支撑台较小,支撑台呈网格形状并开有沟槽。

手动千斤顶有各种规格大小,大的能举升几十吨,小的只能举起一吨或两吨;它们一般是液压或机械式的,其结构如图3.3.8所示。

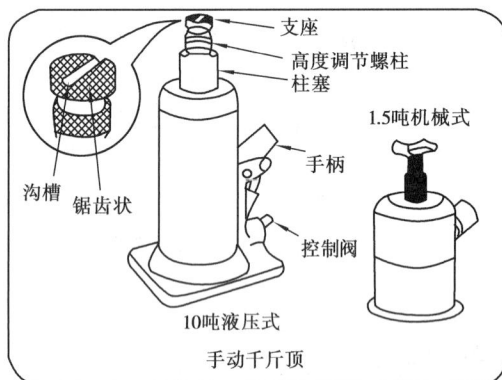

图 3.3.8

五、卧式千斤顶

卧式千斤顶是汽车维修车间常用的类型,一般是机械或液压式的,通常固定在脚轮上以便于移动。

卧式千斤顶有各种规格大小,小型的用于举升小车,大型的用于举升重型卡车或推土机,最常用的规格是2~5吨,其结构如图3.3.9所示。

它的优点是便于移动、放置和操作,如图3.3.10所示。

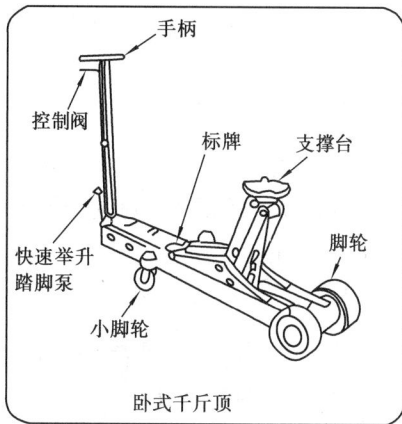

图 3.3.9

图 3.3.10

六、气压(空气)千斤顶

气压千斤顶有汽缸式和空气弹簧式两种,图 3.3.11 为空气弹簧式千斤顶。该千斤顶是把一系列橡胶圈连接起来通过空气压力举升负荷,其结构如图 3.3.11 所示。

气压千斤顶与车轮定位设备和斜面式举升机联合使用,也可用于普通车辆举升。

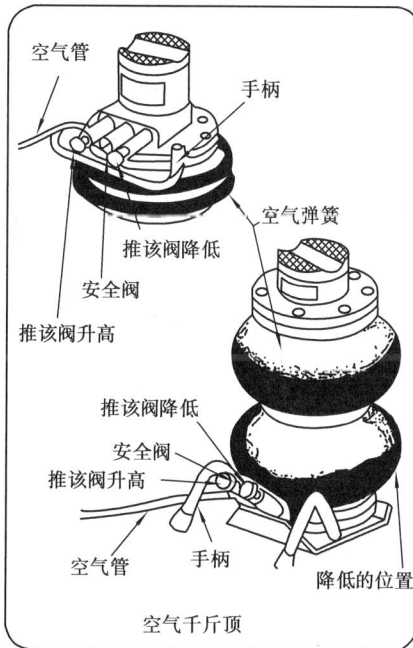

图 3.3.11

145

活动

一、任务

　　熟悉各种类型的千斤顶及其参数、熟练使用千斤顶顶升车辆。

二、目的

　　学会熟练使用千斤顶举升车辆。

三、准备工作

　　随车千斤顶、手动千斤顶、卧式千斤顶、气压千斤顶各一套、安全支撑架。

四、请回答下列问题,若有困难请向老师寻求帮助:

1. 不要在只有千斤顶支撑的汽车下面工作,为什么?

_____

2. 手动千斤顶一般支撑台较小,上面开有沟槽并呈网格形状,为什么?

_____

3. 使用千斤顶时,被举升的车辆应位于水平坚硬的地面上。如果地面倾斜,应采取什么措施?

_____

_____

_____

4. 为什么不能使用砖头或建筑砌块支持车辆?

_____

5. 在千斤顶举起车辆但没有使用安全支撑的情况下,人能不能进入车辆下面? 为什么?

_____

_____

使用千斤顶举升车辆操作鉴定单

序号	鉴定内容	鉴定结果	
		符合要求	不符合要求
1	使用随车千斤顶举升车辆		
2	使用手动千斤顶举升车辆		
3	使用卧式千斤顶举升车辆		
4	使用气压千斤顶举升车辆		
学生姓名：		学号：	
教师签名：		日期：	

3.4　使用安全支撑支持车辆

学习目的

学完本节后,你应能做到:

正确识别、选择、安全地使用安全支撑支持车辆。

一、安全支撑的作用和结构

安全支撑主要用于支撑车辆,保持一定高度使维修人员能够自由进出,在汽车下面工作,拆下车轮和车轴等。安全支撑的结构如图 3.4.1 所示。

安全支撑的高度可以调整也可以设置成固定高度。

某些大型的安全支撑可用于卡车和重型设备,大部分普通的安全支撑,重量较轻,只能够支撑 1~2 吨。

有的安全支撑与千斤顶设计在一起,采取机械锁紧或插销的方法予以支撑车轴。

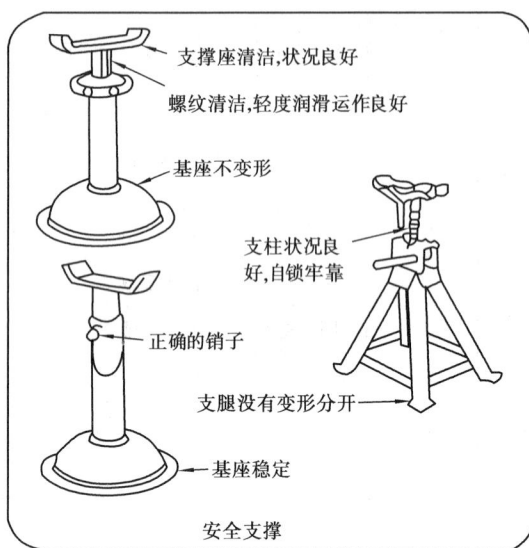

图 3.4.1

二、安全支撑的检查

安全支撑在使用前应认真检查,主要检查项目有:

1. 鞍座应:

——没有裂纹或变形;

——清洁,没有油脂等;

2. 安全支撑在地板上,稳定,机座和支腿没有变形。

3. 调整器(螺纹,齿条或销子):

——运转良好。

——锁定可靠。

——能够支撑重量(安全工作负荷)。

⚠ 警告

• 如果安全支撑是采用销子和一系列的孔来调节高度,那就应该选择正确的直径和剪切长度的钢销,不要使用旧的看起来较好的销子和螺栓来代替工作,以免造成事故。

三、安全支撑的使用

使用安全支撑时:

1. 首先应把安全支撑调整到期望高度。

——两边安全支撑高度应相等。

——车辆在安全支撑上应处于水平状态。

2. 举升车辆到略高于要求的高度。

3. 把安全支撑放在车轴或加强梁下面。确保安全支撑：

——不能损伤任何部件，即地板、车身件、软管、管线和电缆等。

——稳定，承载车辆重量后不移动，如图3.3.4所示。

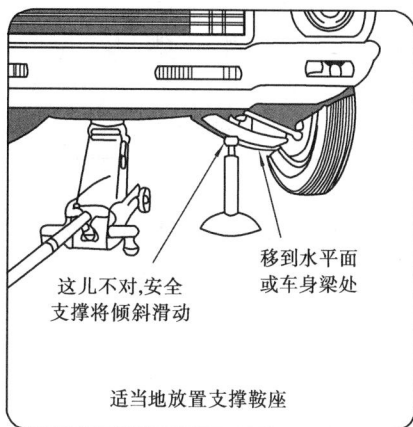

这儿不对，安全支撑将倾斜滑动

移到水平面或车身梁处

适当地放置支撑鞍座

图3.4.2

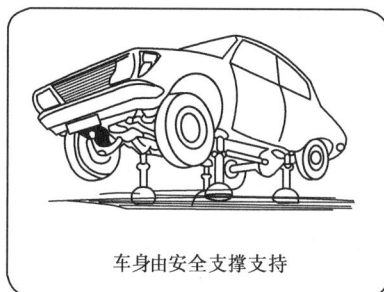

车身由安全支撑支持

图3.4.3

安全支撑鞍座应接触车辆的水平面，而不是锥面和斜边，否则易造成车辆滑移和倾覆，如图3.4.2所示。

4. 轻轻地降下车辆，落实安全支撑，检查车辆是否正确支持在鞍座上，如图3.4.3，3.4.4，3.4.5所示。

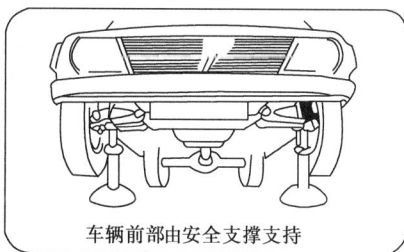

车辆前部由安全支撑支持

图3.4.4

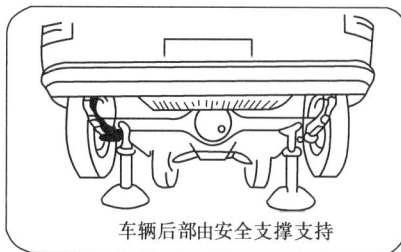

车辆后部由安全支撑支持

图3.4.5

5. 移走千斤顶前，确保车辆妥善地支撑在安全支撑上，在车下工作是安全的，如图3.4.6所示。

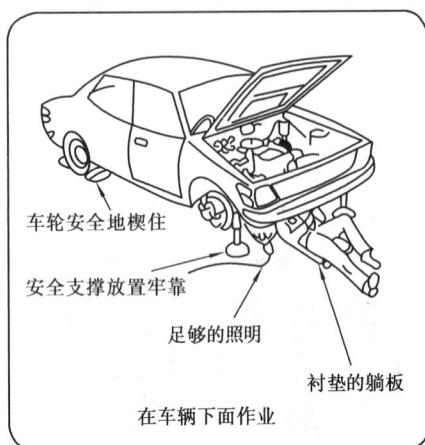

车轮安全地楔住

安全支撑放置牢靠

足够的照明

衬垫的躺板

在车辆下面作业

图 3.4.6

活动

一、任务

　　熟悉和正确操作安全支撑。

二、目的

　　熟悉各种安全支撑的参数及使用方法,学会正确操作安全支撑。

三、准备工作

　　两台安全支撑及千斤顶、小轿车等设备。

四、请回答下列问题,若有困难请向老师寻求帮助

1. 安全支撑的种类、厂家、规格分别是:

_____

_____

2. 安全支撑鞍座应接触车辆的水平面,而不是锥面和斜边,为什么?

_____

3. 把安全支撑放在车轴或加强梁下面,应确保安全支撑不能损伤哪些部件?

_____

使用安全支撑支持车辆操作鉴定单

序号	鉴定内容	鉴定结果	
		符合要求	不符合要求
1	调整到期望高度。 ——两边安全支撑高度相等。 ——车辆在安全支撑上应处于水平状态。		
2	举升车辆到稍微高于要求的高度。		
3	把安全支撑放在车轴或加强梁下面。		
4	轻轻地降下车辆,落座安全支撑。检查车辆是否正确支持在鞍座上。		
5	移走千斤顶前,确保车辆妥善地支撑在安全支撑上,在车下工作是安全的。		
学生姓名:		学号:	
教师签名:		日期:	

3.5　使用举升吊具及吊索

学习目的

学完本节后,你应能做到:

正确识别、选择、安全地使用举升吊具及吊索起吊发动机或变速器。

在汽车维修车间里,有时需要起吊汽车大型零部件,如汽车发动机、变速器、前后桥等,这时就要用到举升吊具及吊索等设备。

常见的举升吊具有发动机吊机、手动葫芦、平衡架等,它们的结构如图3.5.1 所示。

发动机吊机　　　　　　　　手动葫芦

平衡架

图 3.5.1　各种吊具

一、发动机吊机

发动机吊机需要定期进行维修、检查以确保其安全操作。

⚠️ 使用注意事项

1. 当有人或装备在吊机下端时,千万不要操作吊机!

2. 使用吊机来起吊发动机时,需检查吊机的承载能力,不能超载。确保钓钩与起吊部件连接牢固。

3. 不要把吊机臂的长度延伸超出规定的范围,否则它在起吊重物时会失去平衡,如图 3.5.2 所示。

4. 确信起重点或连接点是可靠的,这样物体才不会突然滑落! 如图 3.5.3 所示。

5. 不要让重物一直处于悬空状态,并且应尽量使部件刚好离开地面或车辆,悬空物体越高,起重机就越不平稳,容易翻覆。

6. 当移动起吊物时,应尽量避免起吊物摇晃,起吊物离地应很近,因为这样起吊物重心低,起吊过程可保持平稳。

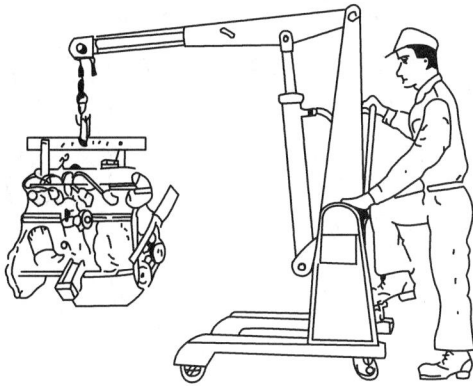

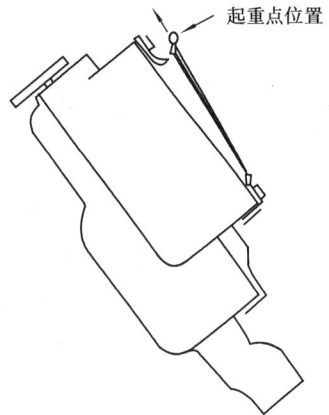

起重点位置

图 3.5.2　　　　　　　　　　　图 3.5.3

二、举升吊具的检查

使用举升吊具前,请认真检查吊具,如图 3.5.4 所示。

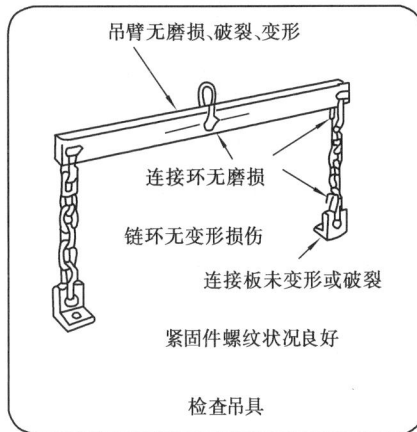

吊臂无磨损、破裂、变形

连接环无磨损

链环无变形损伤

连接板未变形或破裂

紧固件螺纹状况良好

检查吊具

图 3.5.4

1. 链环不能磨损,张开和开裂。铰链处不能过度磨损,应该运动自由。

2. 紧固件不能拉伸变形,螺纹状况良好。

3. 使用标准的扣环,不能使用螺栓和销代替。

三、举升吊具的连接

如图 3.5.5 所示,连接举升吊具时:

1. 吊具螺母必须全部拧上,不能有螺母螺纹暴露在外面。

2. 当吊具与被举升部件连接时,螺栓、螺钉等必须旋进至少 1.5 倍直径的深度,并使吊具与被举升部件紧密连接。

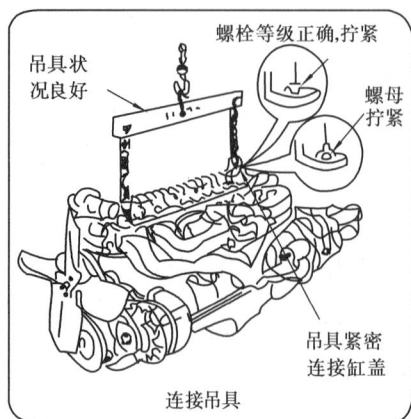
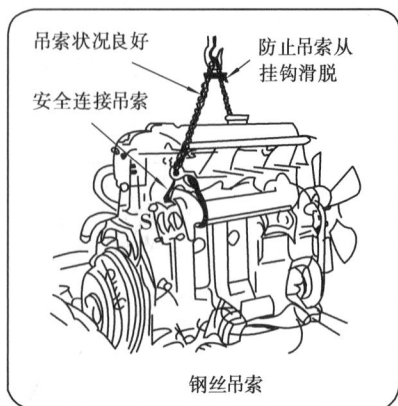

图 3.5.5   图 3.5.6

四、举升吊索

当拆下发动机或变速器时,如果没有专用的吊具,就有必要利用链条、钢丝绳或吊索作为吊具。

1. 吊索的检查

如图 3.5.6 所示,在使用吊索前,要做细致的检查:

(1)钢丝绳和吊索上是否有磨损、绞缠和缺陷。

(2)是否有张开和断裂的链环。确保吊索能承受负荷,其安全工作负荷大于起吊部件重量。

(3)如果必要,查看厂家说明书或销售商目录。

2. 吊索的使用

当使用吊索时:

(1)将其安全地连接到起吊部件。

(2)用物体包住起吊部件的所有尖锐边缘以防损坏吊索,如图 3.5.7 所示。

(3)吊索应远离

——燃油和机油管,电缆等。

——小部件如化油器,分电器,燃油泵和机油滤清器等。

(4)确保吊索不会从吊钩上滑脱。

(5)将吊钩挂住吊索起吊部件,保持角度和平衡。

(6)保持吊索夹角小于60°,如图 3.5.8 所示。

——在这个角度,每根吊索上承受的力量稍大于起吊重量的1/4。

——这个力量会随着夹角的增加而增加。当夹角为120°时,每根吊索上的力量超过起吊部件重量,这就很危险,吊索可能被拉断。

(7)逐渐把部件重量加到吊索上,检查吊索是否正确定位。

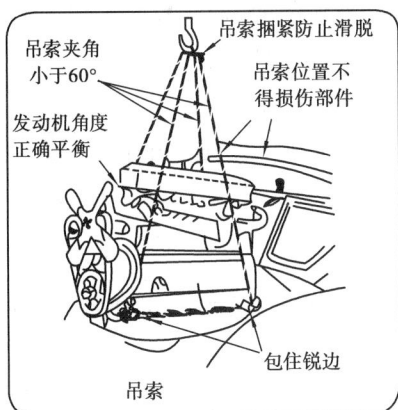

图 3.5.7

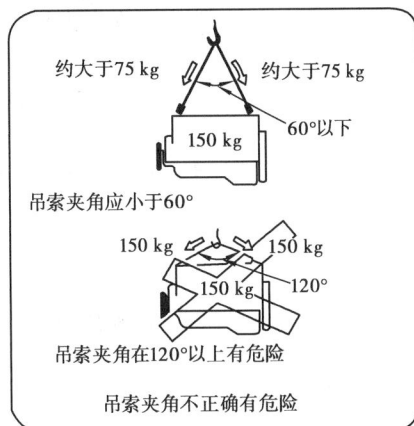

图 3.5.8

活动

一、任务

1. 正确安全地使用举升吊具起吊发动机或变速器。

2. 正确安全地使用举升吊索起吊发动机或变速器。

二、目的

1. 学会使用举升吊具起吊发动机或变速器。

2. 学会使用举升吊索。

三、准备工作

　　发动机吊机、手动葫芦、平衡架、举升吊索设备如链条、发动机或变速器各一台。

四、请回答下列问题,若有困难请向老师寻求帮助:

1. 使用吊索起吊发动机时,吊索不能勒住哪些部件和附件?

_____

2. 使用吊索起吊发动机时,要保持吊索夹角小于60°,为什么?

_____

_____

_____

3. 如果在发动机吊机起重臂伸得太长的情况下升降发动机,将会发生什么样的事故?

_____

4. 在汽车维修车间里,举升吊具用以起吊哪些部件?

_____

5. 当移动处于悬挂状态的部件和移动吊机时,尽量使部件刚好离开地面,为什么?

_____

吊具、吊索的检查、安装和使用操作鉴定单

序号	鉴定内容	鉴定结果	
		符合要求	不符合要求
1	发动机吊机的的使用。		
2	链环不能磨损,张开和开裂。铰链处不能过度磨损,应该运动自由。		
3	紧固件不能拉伸变形,螺纹状况良好。		
4	使用标准的扣环。 ——不能使用任意螺栓和销代替标准扣环销。		
5	吊具螺母必须全部拧上,不能有螺母螺纹暴露在外面。		
6	吊具与被举升部件连接时,螺栓,螺钉等必须旋进至少1.5倍直径的深度,并使吊具与被举升部件紧密连接。		
7	举升吊索的使用。		
学生姓名:		学号:	
教师签名:		日期:	

单元鉴定单

单元3 鉴定表格

3.1 车间装备的使用

鉴定内容	完成	否
你是否完成本节活动的要求,并得到教师的确认?		
你是否能回答老师提出的问题?		
教师签字:_____ 学生签字:_____ 日期:_____		

3.2 使用举升机举升车辆操作

鉴定内容	完成	否
你是否完成活动1的要求,并得到教师的确认?		
你是否完成活动2的要求,并得到教师的确认?		
你是否能回答老师提出的问题?		
教师签字:_____ 学生签字:_____ 日期:_____		

3.3 使用千斤顶举升车辆操作

鉴定内容	完成	否
你是否完成本节活动的要求,并得到教师的确认?		
你是否能回答老师提出的问题?		
教师签字:_____ 学生签字:_____ 日期:_____		

3.4 使用安全支撑支持车辆

鉴定内容	完成	否
你是否完成本节活动的要求,并得到教师的确认?		
你是否能回答老师提出的问题?		
教师签字:_____ 学生签字:_____ 日期:_____		

3.5 使用举升吊具及吊索

鉴定内容	完成	否
你是否完成本节活动的要求,并得到教师的确认?		
你是否能回答老师提出的问题?		
教师签字:_____ 学生签字:_____ 日期:_____		

单元学习评估表

现在学生已经完成了这一单元的学习,希望学生能对所参与的活动提出意见。请你在相应的栏目内打钩。

评 估 内 容	非常同意	同意	没有意见	不同意	非常不同意
1.这一单元给我很好地提供了……的综述?					
2.这一单元帮助我理解了……的理论?					
3.我现在对尝试……感到了自信?					
4.该单元的内容适合我的需求?					
5.该单元中举办了各种活动?					
6.该单元中不同部分融合得很好?					
7.单元学习中教师待人友善愿意帮忙?					
8.单元学习让我做好了参加鉴定的准备?					
9.该单元中所有的教学方法对我学习起到了帮助的作用?					
10.该单元提供的信息量正好?					
11.评估看来公平、适当?					
你对改善本科目后面单元的教学有什么建议?					

致　谢

　　本套系列教材的编写参考了大量国内外有关书籍和文献资料,谨在此向其作者及资料提供者表示深切的谢意。特别是感谢澳大利亚 BOX HILL, KANGAN BATMAN, HOMESGLEN, SWAM TAFE 学院以及墨尔本皇家理工大学给予我们的帮助;感谢 Allen Medley, Bruce Shearer, Vivien Carroll, Veronica Volkoff, Jane Parry, Geoff Millar, Siegfried Munninger, Stephen Parratt, Warren Wilkinson 等专家的指导。

　　同时,我们在编写这套教材中,得到了有关部门和企业的鼎力支持。特别是得到了重庆市劳动和社会保障局、重庆市交通委员会运输管理局、重庆市汽车维修行业协会、重庆公交控股集团公司、重庆公共电车公司、重庆渝都丰田特约维修站、成都空军汽车修理厂的技术专家的协助;也得到了重庆工业职业技术学院及相关院校同行们的支持,在此表示衷心的感谢。

编　者
2006 年 9 月

参考文献

［1］机械工业职业技能鉴定指导中心主编. 钳工常识. 北京:机械工业出版社,2003

［2］梁国明,张保勤主编. 百种量具的使用和保养. 北京:国防工业出版社,1993

［3］汪仁声,赵源康主编. 简明钳工手册. 上海:上海科学技术出版社,1998

［4］机械工业职业技能鉴定指导中心主编. 初级机修钳工技术. 北京:机械工业出版社,2003

［5］机械工业职业技能鉴定指导中心主编. 初级钳工技术. 北京:机械工业出版社,2005